别以为你会教孩子

BIEYIWEINIHUIJIAOHAIZI

王 楠 ◎ 著

100000名家长共同见证的亲子教练奇迹

超过十万名家长的推荐

●有近十年精英成长训练经验的亲子教练●

中国长安出版社

图书在版编目（CIP）数据

别以为你会教孩子：100000名家长共同见证的亲子教练奇迹 / 王楠著. — 北京：中国长安出版社，2012.4

ISBN 978-7-5107-0518-2

Ⅰ.①别… Ⅱ.①王… Ⅲ.①家庭教育 Ⅳ.①G78

中国版本图书馆CIP数据核字（2012）第060999号

别以为你会教孩子：
100000名家长共同见证的亲子教练奇迹

王楠 著

出版：中国长安出版社
社址：北京市东城区北池子大街14号（100006）
网址：http://www.ccapress.com
邮箱：ccapress@yahoo.com.cn
发行：中国长安出版社
电话：（010）85099947　85099948
印刷：三河市杨庄镇明华印装厂
开本：787毫米×1092毫米　16开
印张：16.75
字数：200千字
版本：2012年5月第1版　2012年5月第1次印刷

书号：ISBN 978-7-5107-0518-2
定价：30.00元

文耀家庭教育丛书编委会成员

顾问：文耀挺

主编：王　楠

编委成员

范　蕾　黄承亮　周晓莹　戴伊婧　潘建超　陈　英

推荐序

每个父母都是那么爱着自己的孩子，都想给孩子最好的教育，可是，中国的许多父母不知道，由于自己教育方法的错误，导致了错误的教育。孩子就在这样错误的教育中成长，最后有了一个错误的未来。而父母只有当孩子出现问题的时候，才意识到自己的教育方式是多么的失败。

我很高兴能够看到王楠的《别以为你会教孩子》这本书，其中讲的10堂课，像爱、自信、责任、梦想、坚持、挫折、感恩、个性、快乐以及亲子，我觉得都是每个父母都应该学会并且送给孩子的礼物。这10堂课同样是我想告诉大家的，但是王楠先替我做了这件事，现在，我迫不及待地想把这本《别以为你会教孩子》推荐给大家。

我一直认为，一本书之所以会受到欢迎，是因为操作性比较强，而且比较贴近具体实际，最关键的是，作者所讲的是都是他亲身经历或者接触过的一些事情，而这些事每天每时每刻都发生在我们的周围。我现在可以负责任地告诉你，王楠的这本书做到了这几点。

我一直觉得，中国的孩子要长大太不容易了，即使取得成绩得到的也是批评，自信无从谈起；想和父母撒娇，父母却害羞地躲开；肩不让挑，手不让提，责任感又在哪里……中国的父母当得太辛苦了，爱不知道该如何表达，又怕爱多了孩子会无法自立，又怕爱少了孩子会因此孤僻；教不能教，又怕教多了孩子会烦，又怕教少了孩子没有学会；炼不能炼，又怕炼多了孩子受伤，又怕炼少了孩子不够坚强……

　　的确是这样，这个世界本来就是矛盾的结合体。在如何教育孩子的这个问题上，同样存在这样的矛盾。但是，从王楠的这本书中，我找到了解决这些矛盾的答案。

　　我建议每一个父母都应该读一读这本书，让王楠告诉你，怎么爱孩子才不是溺爱，怎么教孩子才能让他接受。

文耀挺
2012年3月

自序

父母最愿意看到的是孩子一天天健康成长，一天天出息能干，但是却很少关注孩子的成长过程，很少关注对孩子的科学教育。

教育孩子确实是一件很让人费心的事情。每个孩子都是一个个体，这个个体总有自己的个性和脾气，如果父母能将这些协调得很好，在教育孩子这个问题上，父母就成功了一半！

然而，事实却是——许多做父母的费尽了心血，孩子的表现却总不能如自己所愿——有的孩子越来越不爱学习；有的父母节衣缩食尽量满足孩子的各种需求，而孩子却满不在乎，甚至对父母大为不敬；有的父母的谆谆教导被孩子视为啰嗦；有的父母被自己的孩子看作"不近人情"。

父母们不禁要问：现在的孩子怎么啦？我们小时候可不是这样的。

面对着父母的疑惑，孩子却有着更多的苦恼：为什么作业越做越多？为什么总有上不完的补习班？为什么怎么努力都达不到父母的要求？为什么自己的想法总不能被人理解？

——由此，许多家长迷茫：到底是孩子错了，或是我错了？

尤其是，进入新世纪，我们国家已由应试教育转为素质教育。在对待素质教育的问题上，很多家长都存在着误区。很多父母以为素质教育就是多培养孩子的特长，于是奥数班、英语班、音乐班、美术班……几乎挤占了孩子们所有的课余时间，压得孩子喘不过气来。

在这种不堪重负的压力下，有的孩子小小年纪就失去了活力，变得萎靡不振；有的孩子叛逆成性，与父母视如"仇敌"；有的孩子出现了很多心理问题，以至于自卑、自闭、过分任性……

为什么会出现这么多的问题呢？是父母不够爱孩子吗？不，现在的父母给予孩子的爱已经够多了。是父母对孩子不够负责吗？不，现在的父母不仅承担着做家长的责任，他们甚至还替孩子把责任也承担了。

——那到底是什么原因导致了父母与孩子的对立？我们的家庭教育到底出现了什么问题？父母怎样教育孩子才最有效？

《别以为你会教孩子》这本书是我多年亲子教育经验的总结，针对中国父母在教育孩子过程中只知道"做父母"，而不注重"做好父母"的现象，提出全新的家庭教育理念——好父母，要成为孩子最好的老师！培养孩子的综合素质！

本书针对孩子们的年龄特点，结合中国家庭教育的实际情况，有针对性地告诉家长，怎样向孩子表达自己的爱，怎样培养孩子的自信心，怎样帮助孩子实现梦想与目标，怎样培养孩子坚持的精神，怎样培养孩子的责任感与感恩之心，怎样培养孩子的个人优势，使孩子成为独立、有能力的个体……

书中的案例都是我多年教学的真实经历，书中的方法也是我多年的教学总结而来的。希望我的这本书，能给广大家长带去有益的帮助！同时，我更希望每一个孩子都能在父母和老师的关爱与教育下，健康快乐地成长！

王　楠
2012年3月

Contents 目录

引子　好父母就是孩子最好的老师

许多父母为了孩子的未来付出了许多，却很少付出教育上的思考。好父母，为了让孩子优秀，付出精力去改变自己，去改变自己的一种习惯，去改变自己的一种教育模式，去改变自己的一种教育理念。

好父母，与孩子一同成长 / 3
好父母，注重培养孩子的综合素质 / 6
好父母，从小培养孩子的品格 / 9
好父母，从训练营汲取教育智慧 / 15
我的建议：父母应该怎样做孩子心中的好家长 / 17

第一课　爱的教育：没有爱，便没有真正的教育

这个世界上，几乎没有哪一位父母不爱自己的孩子。而这种爱可以成就孩子，也有可能会毁了孩子。关键在于，你是不是懂得利用自己的这份爱来给孩子上一堂爱的教育课。只有真正懂爱的孩子，才不会在爱中迷失自己，才会有真正幸福美好的未来。所以说，爱的教育是每一个父母都应该给孩子上的第一堂课。

爱的鼓励，抗击命运的捉弄 / 25
爱，能够唤醒人的斗志 / 28
爱，是我的成功心经 / 30
爱，是对孩子最好的教育 / 32

爱孩子，更要让孩子爱别人 / 35

我的建议：父母应该怎样培养孩子的爱心 / 38

第二课　永恒自信：父母交给孩子的最好礼物

在开始第二堂课之前，我想先问大家几个问题：你的孩子，他对自己的学习有自信吗？他对自己的成长有自信吗？他对自己做的每一件事有自信吗？如果没有自信，很抱歉，各位家长，不是他们的责任，是我们的责任，是我们每一位教育者的责任，当然，最重要的教育者就是他们的父母。所以，这堂课我们需要送给孩子的礼物就是：自信。

教育的核心，就是培养孩子的自信 / 45

喜欢孩子，从而让孩子喜欢上自己 / 48

给孩子展现自信机会：我是最棒的 / 50

自信是孩子身上夺目的光芒 / 52

让孩子回归本原，做自信的鹰 / 56

自信的阳光，是父母给予的 / 61

告诉孩子：永远不要小看自己 / 65

与其授予知识，不如授予自信 / 69

我的建议：父母应该怎样培养孩子的自信心 / 72

第三课　梦想与目标：梦想就是摸得到的明天

第三堂课，我们要讲的是梦想。无论是孩子，还是大人，都需要有梦想。但是，再美好的梦想，实现不了也毫无意义。所以，在这堂课中，将会告诉你怎样教孩子把大目标分解成一个个让孩子"跳一跳就能够得到"的小目标，让孩子轻轻松松地实现一个个小目标。而每一个小目标的实现，都能让孩子体验到成功的快乐，并鼓舞他们向更大的目标迈进。

目标让中考失利的孩子考进剑桥大学 / 79

用《哈利·波特》的榜样激励她走进布朗大学 / 83

目标要成为孩子看得见的射击靶 / 87

目标要让孩子跳一跳就能够得到 / 90

分解目标，让孩子在放松中达成目标 / 92

没有时间作担保，孩子的目标就是空的 / 96

我的建议：父母应该怎样帮助孩子实现梦想与目标 / 100

第四课　坚持的奇迹：孩子只须"每天进步一点点"

> 梦想的成功，离不开坚持。在第四堂课中，我们将会讲坚持的力量。任何成功都是一点点的小成功积累起来。父母同样不能奢望自己的孩子一下子就成功，应该把眼光放得更长远一点儿，不断地鼓励孩子，培养孩子的毅力，告诉孩子，只要坚持，就一定会有成功的一天。

孩子的毅力最初来自于父母 / 107

陪孩子运动，培养坚持精神 / 110

天分来自于日复一日的坚持 / 114

放远目光：三三制"持久战" / 117

专注与耐心就是一种坚持力 / 120

能力是一种持久的积累 / 123

笑到最后：改变孩子人生的四首歌 / 125

我的建议：父母应该怎样培养孩子坚持的精神 / 128

第五课　亲子交流：蹲下身子，父母不要做"家长"

父母要想被孩子接受，就应找准自己的位置。要蹲下身，这不仅是位置和角度与他们一致，更是一种思想、观念的"放低"，和孩子站在同一视平线上交谈，了解他们的思想，用孩子的眼光看世界，才能真正了解孩子的所思所想，与他们更好地沟通，他们才更乐意听你说话。在这堂课中你将会知道怎样做一个受孩子欢迎的父母。

良好的沟通是拉近彼此距离的桥梁 / 133

用心交流，不打不骂做父母 / 135

父母不要趾高气昂地做"老大" / 137

多用耳朵少用嘴，用爱聆听孩子的心声 / 139

双向交流，让孩子全方位成长 / 143

我的建议：父母应该如何成为孩子真正的好朋友 / 145

第六课　挫折教育：给孩子承受挫折的机会

没有一个父母希望自己的孩子遭受挫折，但是，在人生路上，挫折似乎又是难免的。如果你永远都将孩子置于自己的羽翼之下，帮他们挡住伤害与失败，那他们就永远也学不会如何在打击到来时独自承受。所以，在开始这堂"挫折教育"课之前，我想先请各位家长稍微克制自己"想帮他一把"的冲动，给孩子一个自己承受挫折的机会。

"失败教育"比"成功教育"更重要 / 151

挫折是孩子成长的大学 / 154

尝试让孩子在不断犯错中长大 / 159

培养孩子的坚强意志，增强抗挫折能力 / 161

无所畏惧的精神会让孩子突破困境 / 165

我的建议：父母应该如何培养孩子战胜挫折的能力 / 168

第七课　学会负责任：让孩子成为一个负责任的人

责任是父母必须给孩子上的一堂课。在帮助孩子学会承担责任的时候，看到孩子承担的压力和痛苦，父母必须要明白，这是他们必须经历的痛苦，是他们成长中必须付出的代价，没有任何人能替他们承担。我想，学完这堂课之后，家长们就会明白，让孩子成为一个负责任的人对他的人生来说是一件多么重要的事。

责任心铸造孩子坚毅的灵魂 / 177

高度的责任感成就孩子的美好未来 / 179

赋予责任，让孩子做推动时代车轮的人 / 182

我的建议：父母应该怎样培养孩子的责任感 / 186

第八课　感恩的心：孩子成长的内在动力

现在的孩子不懂得感恩，已经是一个不争的事实。而在这堂课中，我们就会告诉你，有一颗感恩的心，是孩子成长的内在动力。所以，作为父母要特别注意，除了教孩子勤读书、有礼貌、守秩序外，也要培养孩子感恩的心。因为懂得感恩的人，才懂得爱，而在爱中成长的孩子才会真正地健康快乐。

感恩是改变孩子的内驱力 / 191

感恩父母：最直接的感恩教育 / 194

让孩子在爱与被爱中学会感恩 / 198

我的建议：父母应该如何培养孩子的感恩之心 / 201

第九课　展示个性：天赋我才，捷足先登早成功

孩子们最初都是一张白纸，但重要的是父母们在这张白纸上画出了怎样的图案。我们的悉心培养影响着他们的习惯、他们的个性，当有一天我们蓦然回首的时候，也许会发现，孩子们人生成功的秘密隐藏于多年来建立的优势之中。这就是我们即将开始的这堂课将要教给大家的东西。

放大兴趣：建立孩子的成功优势 / 205

个性化教育：决定孩子未来的人生 / 211

磨刀不误砍柴工，教孩子善于思考 / 218

用孩子质疑的双眼打开知识大门 / 220

创造思维：用思维导图打开孩子新视野 / 222

我的建议：父母应该怎样培养孩子的个人优势 / 226

第十课　快乐生活：孩子一生最好的成功目标

什么是快乐？一次开怀的大笑？一种幸福的心情？一个毫无忧虑的眼神？然而，快乐真的只是人们追求的一个结果吗？面对那些未知世事的孩子们，我们应该怎样告诉他们快乐的含义？接下来的这堂课将会告诉你：快乐教孩子学会自我管理，让孩子学会自我保护，给孩子乐观向上的人生态度，帮孩子树立正确的价值观。

快乐法则一：教孩子学会自我管理 / 233

快乐法则二：让孩子学会自我保护 / 237

快乐法则三：给孩子乐观向上的人生态度 / 239

快乐法则四：帮孩子树立正确的价值观 / 241

我的建议：父母应该怎样让孩子拥有快乐的生活 / 243

附录　学员心声 / 247

引子

好父母就是孩子最好的老师

许多父母为了孩子的未来付出了许多,却很少付出教育上的思考。好父母,为了让孩子优秀,付出精力去改变自己,去改变自己的一种习惯,去改变自己的一种教育模式,去改变自己的一种教育理念。

好父母，与孩子一同成长

每个孩子的改变一定有一个过程，有一个契机，就像鹰的蜕变一样，从羽毛到爪子，再到喙，都要一一进化到位。

所以，在我举办的训练营里，不是孩子眼中那种简单的学习，更不是旅游放松，而是充满了挑战，充满了磨炼的战场。孩子的成长过程，其实就是一个痛苦裂变的过程。

在孩子成长、改变以前，家长要首先下定决心，要比自己的孩子更相信他们可以面对挑战、战胜磨炼。

我在很多地方听过很多讲座，也见过很多教育界的大师和前辈，他们都说过一句话："中国的父母是全世界付出最多、最辛苦的父母。"

但是，往往后面还有半句："我们往往付出的是什么？"我们往往付出的是工作上的努力，因为我们想换回更多的财富，然后给孩子创造更优越的生活，但是孩子真正需要的是这些吗？

在北大的校园里，1/3的学生来自于哪儿？来自于农村、山区，来自于那些贫困的地方。他们的爸爸不是高官，他们的妈妈不是明星，他们没有强大的经济背景。但是，如今很多家长都努力地去创造经济财富，甚至有许多家长常年在外工作，把孩子一个人扔在家里。作为家长，你考虑过孩子真正需要什么吗？

家长们应当明白，在培养孩子的整个道路上，不要以为你已经当了8年爸爸、8年妈妈,你就以为自己什么都懂了。其实,你有没有想过,你的孩子今年多大,你做爸爸妈妈的年龄就有多大。你的孩子今年9岁,你做妈妈今年也仅仅9岁;你的孩子今年10岁,你做爸爸也就10岁。你和孩子一样,都需要不断学习,不断成长。

中国的家长付出了很多,却很少付出两样:第一,为了让孩子优秀,付出精力去改变自己,改变自己的习惯;第二,学习和完善自己的教育模式,改变自己固有的教育理念。

曾有一位孩子的父亲跟我说:"王老师,不管花多少钱,我把孩子交给你,你一定要帮我好好教育他。"我说:"这位爸爸,你觉得你还能不能改变?"

这位爸爸冲我笑着说:"王老师,我都40多了,我可改变不了了。"

你都改变不了,凭什么要求孩子去改变?你认为自己都做不到,你凭什么要求孩子去做到?

我们中国有句古话:"己所不欲,勿施于人。"我们小时候也很贪玩,我们小时候也没发自心底地热爱学习。但是,看看我们对孩子的要求是什么?

"不许玩!写作业去!"

"看书去!"

孩子们都很可怜地说:"爸,我今天的作业都写完了。"

这时,妈妈过来说:"来,再做几道奥数题……"

孩子做完了,妈妈又说:"再背几个单词吧!"

父母要跟从孩子改变的步伐,不要总想着让孩子改变。你要求孩子如何如何,为什么自己不先做到,从而为孩子做出榜样,让榜样的力量激励孩子改变呢?

"家长"这两个字对于所有的成年人来说都是一门新的课程,谁也不是天生就会做一个完美无缺的家长。

曾经的我也顽皮淘气,让父母操碎了心。但是,从母亲出了车祸变成残疾人的那一天，我才真正长大、成熟。我的母亲是一个伟大的人，她在我的成长历程中，给了我不一样的教育。她从不娇惯我，事事以身作则，并让我照着她的做法去做。我会有今天的事业，也得益于母亲对我的教育。

家长们不要忘记，你想让你的孩子成为什么样的人，你就先要成为那一类的人。你首先要成为他们的榜样，这与你拥有的金钱和地位无关，你只需要做一个勇敢、坚强而且有责任感的爸爸，或是一个善良、积极上进、永远信任、支持他们的妈妈。当然能再有一个挚爱教育、喜欢孩子的老师就更好了！

好的父母应该关心孩子的成长，应该做孩子的榜样，和他们一同成长。

引子 好父母就是孩子最好的老师

好父母，注重培养孩子的综合素质

我记得有一场讲座，大概有500多个家长。

我问："哪位家长是初一学生的家长？"

大约500个都是。

"哪一个家长对自己孩子有五年规划？"

很少。

"谁有三年规划？"

有七八个家长举手。

"什么规划？"

"考哪个高中呗。"

注意，这其实不叫规划，这叫短期的目标，或者叫要求。

家长教育孩子，就好比是做企业，做管理，做经营。哪一个企业，哪一个公司没有规划？没有规划，就不能形成一个完整的工作系统，就不能对未来有一个清晰的认识，只会是走一步算一步。而中国的家庭，大多都是这样走一步看一步的，完全没有家庭规划、成长规划的概念。孩子都是有什么科目就学什么，家长又根本没有自己的规划。最后，在孩子的人生中似乎除了高考这个目标以外，就没有其他的了。

其实，家长在教育孩子时，要更加注重孩子综合素质的提高。不是成绩好就是成功，不是考上好大学就是成功，不是完成了高考就完成了使命。

如果家长只把高考作为一个目标来培养孩子的话，那他培养的只是一个优秀的学生。家长规划的只是一个学生的成长，而不是孩子作为一个人的成长，因为人的成长并不是以高考的结束为人生标志的。

现在已经出现了高考教育的改革，有了很多自主招生，还出现了特长生，出现了艺考生，美培生等。可见，一个孩子的综合能力也是很重要的，家长切不可只看重孩子的学习成绩而忽视了他们综合素质的完善。

例如去哈佛上学的学生，首先是成绩优异，但是仅仅成绩优异是绝对不行的，除此之外，还有这些要求：

第一，有某方面的特长或爱好。比如说他喜欢打网球，或者说他至少会打网球。哈佛大学不一定要求学生像在中国一样，必须能参加大学生运动会，为学校争光等。但是，他们要求每个人必须得有某项运动爱好，有积极的心态和健康的身体。

第二，必须具备一定的社交能力和团队合作能力。比如说，哈佛的面试永远不是一个人的面试，而是一个小组的面试。考官得看这个学生在团队里面是属于领导型的，还是属于跟随型的，并判断这个学生是否有团队意识。

所以说，成绩的好坏不能作为孩子优秀与否的惟一标准。家长在对孩子进行培养的过程也必须注意孩子综合素质的发展。

训练营曾接收过一个特别胆小的男孩子，叫金伟。因为这个孩子从小身体就不好，总是看病吃药，个子也比同龄的孩子瘦小，所以他的家长对他保护得特别严密，什么都不让他干，使得他胆子特别小，性格十分内向。

通过他在训练营里的表现，还有我对他的了解，我发现家人的过度保护是这孩子变得胆怯的主要原因。于是，我常常跟金伟的父母沟通，告诉他们男孩子应该怎样教育，包括平常应该给他一些自己选择的空间，有些事该让他做主，他才会有独立性，让他去承担责任，他才会有胆识等。

有一次，在训练营里，我把金伟丢给了8个比他大三四岁的大同学。虽然说有的大孩子会照顾他，但是也有的大孩子会以大欺小，金伟为此哭了3天鼻子。但是我没理他，就把他扔在那，慢慢他就学会了怎么和大孩子相处，学会了怎么保护自己。

在和大孩子相处的几天里，金伟变得勇敢活泼起来。他喜欢打篮球，跟大孩子们在一起打起篮球来，一点儿也不胆怯退缩。他还喜欢做模型，有时候，他把他做的船、飞机等模型拿给其他孩子玩，他们之间很快就建立起深厚的友谊，也没有大孩子再欺负他了。

听说北京八中有一个少年特长实验班，金伟的妈妈打电话征询我的意见，我觉得这是个锻炼孩子的好机会，就极力说服金伟去报名。

在少年班里有一个面试环节，就是把六七个孩子分成一个小组，让他们在小组里做些活动，进行分组讨论。结果在意料之中，金伟被录取了。当时的面试老师给了金伟这样的评价：金伟在同龄孩子里面沟通能力非常强，领导能力也比较出众，综合素质非常高，能把一群同龄孩子领导安排得很好，大家都非常认可他。

中国的教育正在由应试教育向素质教育转变，这就要求家长们也要及时转变教育观念，为孩子做一个长远的规划，培养孩子的综合素质。

好父母，从小培养孩子的品格

诚实能荡涤孩子心中的尘埃

在训练营的诚实课上，我经常会给孩子们讲这样一个故事，家长们也可以讲给自己的孩子听——

某名牌大学有一个学习成绩非常优秀的男孩子，他在毕业之前就通过了"托福"和GRE考试，被美国的一所大学录取为博士研究生，并且分数高得让那些招生的美国教授很是吃惊。

到美国学校不久，一天，女导师给他分配任务，让他下午2点到3点在实验室做试验。实验室里有一部电话，可以打美国境内的长途。于是他在2点到3点的一个小时里打了40分钟的电话，和在美国的同学、朋友聊天。在美国，人们是很忌讳用公家电话办理自己的私人事情的。

过了几天，女导师从通话记录中发现了这件事。她非常生气，就把他叫过来询问，说："那天下午2点到3点，你在做什么？"这位学生一点也不认为撒谎是可耻的，他很坦然地撒谎说："在按照您的要求做实验。"

"除了做实验，还做了什么呢？"女导师没有想到他居然会这样，于是追问一句，想知道他到底有没有认错的意思。不料他脸红也不红地说："没有做别的，我一直在非常专心地做实验。"女导师被他的不诚实气得变了脸色，再也没有说什么。

几天之后，这位"优秀生"被开除了。

这位"优秀生"被开除的原因不言而喻，是因为他不是一个诚实的人。如果一个人不够诚实，即便他的成绩门门被评为"优"，也无法得到别人的尊重与青睐。

一直以来，诚实都是我们中华民族的优良传统，是衡量一个人品格的标志，也是待人处世的绝妙法宝。孩子是否诚实，在很大程度上取决于父母的教育。因此，作为父母更应该从小培养孩子诚实的好习惯。

宽以待人，拓展孩子心灵的广度

宽容是对别人的一种体谅，是一种美德，更是一种人生境界。宽容了别人就等于善待了自己。宽容的心会帮助孩子意识到个性的差异，使孩子尊重他人，包容他人，以理解的态度来对待他人。

家长们可以用妮妮的故事来启发孩子做个宽容的人。

妮妮今年5岁了，能够非常清楚地表达自己的思想和逻辑感受了。她胖乎乎的，在小区里人见人爱，这都和妮妮的大方和友善分不开。妮妮从来不和小伙伴斤斤计较，玩具一起玩，零食一起吃。

有一次，妮妮和好多小朋友一起玩。有一个胖小子因为做不好沙雕，居然把妮妮垒了一下午的"长城"踩个稀巴烂。妮妮很伤心。

开始她真的很想把那个胖小子推倒在地，可还没等她动手，其他的小朋友就都围上来了，七手八脚地就把那个"坏小子"摔到沙坑里去了，胖小子被弄得号啕大哭。妮妮这时候居然伸出手把那个胖小子拉了起来。

"胖小子捣了你的'工程'，你干吗还要拉他呀？"其他小朋友问她。妮妮说："他已经哭了，说明他已经知道不对了，而且沙雕已经毁了，我得想办法重新把沙雕垒起来才是最重要的。"后来妮妮给了胖小子一块巧克力，还教他怎么垒"长城"。到晚上的时候，他们的"工程"已经有模有样了。

其实孩子的世界格外简单，一丝小小的宽容就能化解矛盾。妮妮那一伸手，为自己赢得了一个新的小伙伴。

现在的孩子大多是独生子女，家长对孩子的溺爱非常严重。如果孩子在学校受到别人家孩子的欺负，父母就心疼得不得了。他们总是对孩子说："别人对不起你，你就对不起他；别人打你，你就打他。"这样"以眼还眼，以牙还牙"的教育方法会严重影响孩子以后的人生观及处世态度。

作为父母，一定要注重培养孩子宽容的品质。宽容是孩子情感健康发展的重要前提，也是以后确立良好人际关系的重要因素。孩子一旦有了宽容的品质，他就能接纳不同的意见，尊重他人，与大家和睦相处。宽容之心也能使孩子较快地接受新事物和适应周围的环境，让孩子取得进步。

自制力，是孩子成长不倾斜的方向舵

我先给大家讲一个古代"学弈"的故事：

两个孩子一块儿听老师讲下棋的知识。他们都很聪明，但是听讲情况却大不相同。一个专心致志，只听老师讲解，任何事情也干扰不了他；而另一个心里总想着有大雁从天空

飞过，要用箭把它射下来炖肉吃。结果，前一个学得非常出色，后一个学得稀里糊涂。

同样是聪明的孩子，为什么出现两种不同的结果？是自制力不同。前一个孩子自觉性强，自制力强，能够坚持到底，而后一个孩子自制力很差，一心二用，自然很难学好。

作为父母，要注重培养孩子的自我克制能力，让他们学会适当地控制自己的行为，促进他们一生的成长与发展。

我曾经见到过一个自制力很强的孩子，我对他父母的教育深感佩服。

一次，我的一个朋友带他的孩子来我家做客。晚饭的时候，那个孩子不小心把米粥洒在了桌上。按照他们家里的规矩，洒了东西就要受罚，为此他就不能喝粥了。我之前就知道，这个孩子平时就喜欢喝粥，为此还特意做了几样小菜，这对孩子的诱惑还是不小的。他在洒掉米粥后先是脸稍红了一下，迟疑了一会儿，但最终还是放下了饭碗。

我看到这种情况，实在沉不住气了，就再三安慰孩子，让他喝粥，可孩子还是坚持不喝，并十分不好意思地说："因为我洒了东西，所以就不能再喝了。"

仅仅7岁的孩子就有这样的自制能力，让我不得不佩服他的家长在培养孩子自制力方面下的工夫。

自我克制能力是一个人成功的必要前提。在这个世界上，每个人都有成功的欲望，每个人都想成为赢家，都想战胜对手，但很多人屡败屡战，屡战屡败，始终与成功无缘。究其根源，就在于自制力的缺乏。而这种自制力是任何学校、任何书本中都学不到的。所以，培养孩子的自制力，是父母必须承担的一种责任。

舍得，让孩子获得人生圆满

舍，是舍弃和放下；得，是得到和收获。舍得，就是在舍弃的过程中得到。所谓成长，其实就是一个不断舍弃和获得的过程。不丢掉一些旧的东西，就无法得到一些新的东西；不舍弃旧我，就无法获得新我。

我曾经跟参加培训的家长说过这样一个真实的案例：

有一个沈阳的女孩叫李文，她是在高一暑假的时候来参加训练营的。刚来的几天，我看她总是很惆怅的样子，就问她怎么了，她说她偏科特别严重，学习成绩总是提不上去，让她很是苦恼。这个孩子的历史学得特别好，但政治却总是考四五十分，就算学文科，成绩也不够优秀，想考个名牌大学，几乎是没什么希望。

我听李文讲了她学习的过程，发现她初中外语学的不是英语，而是日语，在日语上很有优势。我问她有没有想过考日本的学校，她迟疑地说，别人都是考清华、北大，自己考日本的学校会不会太另类了。

我跟她聊了日本发达的科技，先进的文化，建议她回家跟父母好好研究一下。结果，她的家人对我的建议很是赞同。他们发现日本的大学很喜欢中国的学生去那留学，考日本的大学反而比考国内的顶尖大学还要容易一些。而且李文的动漫画得非常棒，记得当时我还跟她开玩笑说，日本的动漫那么发达，说不定她还会成为未来的宫崎骏呢。所以李文到了高二就毅然放弃了一些国内的科目，把精力放在日语上，主攻日本大学。最后在高二下学期，在别人还在为高三玩命冲击的时候，李文已经拿到了日本早稻田大学的通知书，被早稻田大学动漫系录取了。

人总是这样，被传统的观念束缚了，就很难再跳出那个圈圈了。一旦舍不得放弃传统，就无法接受新的事物，获得新的生命。

父母教孩子学会舍得，就是要让他们逐步放弃不适合自己的思考模式，不断地挑战自我。

人生充满了苦难，一个人能承受多大的痛苦，能解决多大的问题，他就有多杰出、多伟大。因此，父母从小就要让孩子学会面对痛苦，解决问题，不要逃避，不要退缩，学会舍得。

好父母，从训练营汲取教育智慧

大学毕业以后，我开始做家教工作，逐渐走上了教育这条路。我的学生和家长对我都比较信任，也比较满意。所以，后来有一位学生的家长给我提建议说："我可以帮你们找个地方，你可以把上课的学生集中到一起，办一个训练营。"

那位家长的建议给了我一个很大的启发。所以从2002年开始，毕业后的第二年，我就开始创办训练营。在开办训练营的过程当中，我发现，帮助孩子提高成绩，不只补课这一种方法。扭转他们的学习态度、心态，包括培养他们的学习能力等等，比起知识传授更重要也有效得多。所以我开始把家庭辅导式的教育模式转变成家庭教育和素质教育结合的方式，持续到现在已经有近10年的时间了。10年来我们一直坚持这个教育核心不改变，并逐渐扩展到现在的三个训练营。

第一个训练营主要是每年寒暑假在全国各地开展的训练营。分三个步骤：

第一步训练的主打叫七颗心，这七颗心就是爱人的心，感恩的心，责任的心，坚持的心，团队的心，目标的心，自信的心。这七颗心让孩子能够跟社会更融合，我不能说他们马上就能有多大的改变，但至少这是他们人生的一种经历，就像他们读过的一本书，经过的一件事，都会慢慢成为他们人生的一种积淀。

第二步训练孩子们的超级学习力，主要是对六种学习能力的培养，包括专注力，理解力，阅读能力，分析运用能力，记忆能力，实践能力。

最后一步训练叫做心态加方法，是最后的升华训练。就是把第一步培养的心态加上第二步培养的能力融合到一起。这里面我们会有模拟社会环节，让他们有初、高中学习体验、职业体验。比如，我们可能安排孩子们做一两天的服务员、促销员等等；我们还可能安排孩子们去报社，去杂志社，当一天的编辑、画图、写稿。他们就会觉得很不容易，从而让他们对知识、对上学产生一种欲望。当然这都是模拟的体验。接下来还有一种训练叫做生存训练，比如说拉练，野外行走，定点寻宝等等。

第二个训练营是在江西创办的实体学校。

第三个训练营主要是一系列的学能教育，比如说快速阅读，思维导图，记忆力训练这种学能教育的课程、产品、教材、光盘等。

还有一点值得强调的是，到目前为止，我们训练营一直保持着艰苦的训练条件。

训练营刚开办的时候，我们把地点安排在部队里，让孩子们切实体会艰苦又有纪律的生活。因为我们禁止孩子们带零食，有的孩子会在半夜藏在被窝里偷吃。尤其是那些吃惯了零食的孩子，在没有零食的情况下，他们甚至会把食堂的馒头偷偷放在被窝里，然后把馒头掰碎了当饼干吃，很是可爱。

其实我个人认为，现在的中国家庭都比较富裕，孩子们的生活条件也越来越优越，父母和祖父母辈受过的苦他们完全体会不到，所以现在的孩子才会特别脆弱，承担不了责任。所以我很注重对孩子的独立能力和吃苦能力的培养。

经过十几年的教育生涯的磨炼，我已经带领过四万余名学生。我希望我的教育理念能够给更多的家长带来启迪，让更多的家长从我训练营采取的教育方式中，获得优秀的教育理念和方法，踏上正确的教子之路。

我的建议：父母应该怎样做孩子心中的好家长

建议一：父母不要做"管教型"家长

有些家长经常感觉自己很委屈、很艰难。例如有些母亲会说："我和他爸都没什么文化，也帮不上他什么，真的都是靠孩子自己。"这样的家长在孩子面前只会做一件事，那就是在时间上给予孩子尽量多的陪伴。他们时常坐在孩子旁边，"监视"着孩子学习，他们总觉得既然自己在学习上帮不上孩子，那么只能在监督上负好责任了。

但是我们都知道，孩子，尤其是低年级的孩子，他们本身的注意力极其有限，经常是写着写着作业就玩玩铅笔，玩玩橡皮。此时，面对这种情况家长们大都会有这样的反应：

"别玩铅笔！"、"别玩橡皮！"孩子抠手，家长"啪！"一声，"我都提醒你三次了，你怎么还在玩？"

如果你是这类家长，那么要注意了，当你的孩子去了学校，当没有人搬一个凳子坐在他旁边时，他不知道有多开心！他想玩铅笔，就玩铅笔！想抠手指，就抠手指！你也别借此埋怨老师，试想一下，每个班级几十个孩子，每个孩子叮嘱一句，一节课就过去了。

因此，我建议这类家长，你要反省反省自己，仔细想想究竟是哪里出现了问题？孩子之所以离开你后会放松、会放纵，是因为你仅仅给了他一份约束自己的外力，却没有给他一份信任自己的内力。

曾经有一个8岁的小女孩，拉着我的手说："王老师，我太想赶快长大了。"我问他："为什么？"她说："我们家房子挺大的，生活也挺好的。但是，很可怕！很恐怖！"

我更加奇怪，接着问："那是为什么呢？"

"一放学，我爷爷就在校门口接我；到家后，我奶奶管我；妈妈回来，我一不听话，妈妈就会狠狠地批评我一顿，当爸爸回来，妈妈一告状，爸爸再教训我一顿。我们家每天有8只眼睛无时无刻地盯着我。我就想赶紧长大，再也不要有人盯着我了。"

如果某些家长不能理解这个小女孩的感受的话，你可以试想一下：在单位里，你的领导每天都派一个人监督你，而且这个人的全部任务就是盯着你有没有好好工作。这个时候你会是什么感受？我敢肯定，这个时候你每天所想的绝不会是好好工作，而是想尽办法甩掉这个人，实在甩不掉你可能会选择跳槽。

不同的是，你能跳槽，你的孩子不能。"我今天能不回这个家吗？""我能换一个爹妈吗？"如果孩子发出这样的心声，你会不会特别寒心？其实孩子们才是真正的痛苦，他们没有地方可逃。所以，这一类家长不是不爱孩子，而是没有找到正确的方式来爱孩子，或者说，他们给予孩子的，不是孩子真正需要的。

过多的监督会带来孩子的逆反，随着孩子自我意识的逐渐增强，他会逐渐感到你所谓的监督是对他的一种束缚，因而特别想挣脱。家庭带给孩子的感觉应该是一所塑造自身的校园而非限制自由的监狱。

家长不该做"管教型"的父母，而要做"贴心型"的父母。对于孩子的错误，家长不该以打骂的方式来解决，而应该是循循善诱的引导，用你的爱去感染孩子，让他从内心去理解家长的苦心。

建议二：父母不要做"责备型"家长

还有一些家长，对孩子是恨铁不成钢。他们总会说，"我和他爸，当年靠着自己的本事,现在创出了一番事业,你说我这孩子怎么就不像我呢?"他们认为自己很优秀,总是以自己的标准来要求孩子。

作为家长,你想过没有,如果在你的单位,一直有一个人比你优秀,如果老板天天说:"你看,××的工作能力比你强多了,××这个月的业绩又比你强,你永远也超不过××。"时间久了,你会如何对待你的工作?你还会有工作的热情和激情吗?

显然,这样的指责,更容易挫伤孩子的积极性和自信心。

中国伟大的教育家陶行知先生早在半个世纪之前就深刻地指出:教育孩子的全部秘密在于相信孩子和解放孩子。

相信孩子、解放孩子,首先要赏识孩子。没有赏识就没有教育。每个孩子都有自己的特点,没有必要总和别人去比。只要你的孩子今天比昨天有进步,你就应该去祝贺他,盲目地比较、责怪、批评,则会产生不良的后果。

大人的态度、言行对孩子的影响太大了。孩子一般不会正确评价自己、对自己的认识很模糊,是从别人对他的评价中来认识自己的,你说他好他就真的变好,你说他不好他就越来越不好。所以我们千万要把握好时机,要学会赏识孩子、赞美孩子,关注孩子的精神生命,从小培养孩子积极向上、永不言败的良好的精神风貌。

学会赏识孩子就要学会尊重并信任孩子、理解并宽容孩子、欣赏并激励孩子,使孩子自信自强,自由而主动地发展。

我们千万不要忽视孩子的精神需要,当孩子认真值日的时候给一句赞美的话;当孩子上课认真听讲的时候给一个微笑的眼神;当看见孩子在做好事时,轻轻点点头;当孩子认真思考积极发言时,说"你真是个聪明的孩子";当看见孩子作业写得清楚端正、质量高的时候不要忘记写上一句赞扬的话。

家长们请记住:不要做"责备型"父母,要做"激励型"父母,时常称赞孩子最微小的进步,点燃孩子的自信之火,给予孩子进步向上的动力!

建议三：父母要注重对孩子进行立人教育

孩子有对自己喜欢和崇拜的人进行模仿的心理倾向，而父母在孩子心目中一般都具有绝对的权威，所以父母的言行举止对孩子的影响是深远和巨大的。很难想象，一个不诚实的父母怎么会培养出诚实的孩子。

作为父母，我们并非圣人，我们也会犯错。当我们不小心犯了某种错误，最好的办法是坦率地承认和检讨，并尽可能地对事情进行补救。这样做需要勇气，可是只有这样做才能提升我们在孩子心中的地位，才能给孩子树立一个诚实的好榜样。

在教育孩子做个宽容的人时，家长可以教孩子在社会交往中学会关心他人，在关心中学会宽容。父母对孩子不宽容的行为也不能急于求成，尤其不要自作主张地强迫孩子去宽容。当孩子有了宽容的行为时，要及时鼓励，给予强化。

同时，父母要教育孩子，碰到与其他人有利益冲突的时候，不妨让自己吃一些亏，教导孩子学会忘记他人对自己的伤害。告诉孩子，人和人之间难免会有摩擦，只要不是原则性的问题，大可不必轻易动怒。如同学不小心撕坏了自己的本子，或是将墨水撒在了自己的衣服上，都应宽容同学，换位想一想，如果自己出现这样的事情，那又该怎么办呢？告诉孩子设身处地为别人着想，宽容了别人也就宽容了自己。

对培养孩子自制力方面，家长需要学会从小事着手，严格要求，不能有丝毫妥协。给孩子划分"可以"与"不可以"的范围，给孩子建立"可、否"观念，以此来培养孩子的自我克制能力。但要注意的是，范围一旦划定，就要要求孩子始终如一地遵守，一次也不能例外，违反了就要受惩罚。

尤其要从小在生活习惯方面培养孩子的自制力，如按时睡觉，按时起床，按时吃饭，按时上学，按时做作业，按时完成家务劳动等。开始时可能会有些困难，但时间长了，孩子就会在父母的督促下，学会自我控制，约束自己，并养成习惯。

另外，家长还要培养孩子面对选择时独立取舍的能力，要教孩子"自己想办法"的习惯，把选择权交给孩子，让孩子成为自己的主人。即使你很确定该怎么做，也应该给孩子一个机会，舍弃什么，保留什么，让孩子学会独立决定。这样，孩子从自己的错误中学到的比从你正确的指导中得到的还要多。让孩子知道有些事情父母提供意见，但是最后决定取舍的还是自己，这样随着孩子的长大，他们在事情的取舍上就会越来越容易分辨。

建议四：父母要做孩子心中的第一所大学

父母是孩子身边最亲近的人，大多数孩子从一出生就是父母陪在身边，因此在教育孩子的过程中，父母承担着不可推卸的责任。

孩子从蹒跚学步到咿咿学语，父母是孩子生命中的第一个老师，是孩子心中的模范榜样。父母教育孩子，必须做到以身作则，用自己正确的行为规范来教育孩子。

好的父母要学会与孩子一同成长。成长不是根据年龄来定义的，年龄大的人也需要与时俱进，不断成长。家长在教育孩子时，要根据孩子的成长需要，加强自身的学习，学会用先进的教育理念教育孩子，跟着孩子的成长一同成长。

好的父母要注重培养孩子的综合素质。社会在不断地发展进步，教育对孩子的要求也由早先的"做尖子生"逐渐转变为"做多好生"，学校也加强了对孩子综合素质的培养。家长作为孩子的第一任老师，更要重视孩子综合素质的提高，培养孩子多方面的能力。综合素质包括身体素质、心理素质、外在素质、文化素质与专业素质，家长在教育孩子期间，要根据孩子自身的条件发展孩子的兴趣、爱好和特长，同时还要加强对孩子适应能力、生存能力、社交能力、创新能力与实践能力的培养。

　　我在举办训练营的多年里，积累了大量先进的教育理念和丰富的教学经验，我希望家长们能够从训练营里孩子的个案身上，找到与自己孩子相符的情况，从而借鉴训练营中的有效方法对孩子进行教育。希望每一位家长都能做好孩子的第一任老师，都能成为孩子心中的好父母。

第一课

爱的教育：没有爱，便没有真正的教育

这个世界上，几乎没有哪一位父母不爱自己的孩子。而这种爱可以成就孩子，也有可能会毁了孩子。关键在于，你是不是懂得利用自己的这份爱来给孩子上一堂爱的教育课。只有真正懂爱的孩子，才不会在爱中迷失自己，才会有真正幸福美好的未来。所以说，爱的教育是每一个父母都应该给孩子上的第一堂课。

爱的鼓励，抗击命运的捉弄

说到爱的鼓励，我就不得不想起我儿时的经历。

我出生在司马迁的故乡，一个很小很小的农村县城。当我出生后哭出第一声时医生就跟我母亲说："很遗憾，你生的这个儿子不是哑巴，就是傻子。"开始的时候，我妈一直担心我是傻子，总是试探我，后来慢慢发现，别的小孩懂的，我都懂，但就是迟迟学不会说话，一直到两岁八个月时我连"妈妈"都不会叫。因为我，爸妈的感情一直不好，常常吵架，我爸爸一直没办法接受自己的儿子是个哑巴。

在我两岁八个月的时候妈妈第一次带我离开县城去了北京的姥姥家。到了北京不久，我就一直高烧不退，不得已去了儿童医院，同时也做了很多检查，想再次确认我到底是不是哑巴。做检查时，医生拿镊子夹了夹我的舌头，看到我舌头底下一根叫舌系带的筋一直连到了舌头尖。于是我接受了一个手术治疗，去除了不必要的连接，就这样我竟然能够开口说话了。

由于错过了第一个最佳的语言开发阶段，所以我说话说得不算太好，以至于从小形成了结巴的毛病。上幼儿园时，因为我的结巴，同学们都不喜欢我，也没有人愿意跟我玩儿。当时幼儿园有一位老师经常把我一个人关在小黑屋里，所以我变得极度自卑，开始不跟别人说话。

妈妈一直耐心地鼓励我，一字一句地教我，还教我讲故事，背唐诗。妈妈当时是一个单位的小领导，每当她给员工开会时，都把我带在身边，并鼓励我在大家面前说话。借用这点小权力，妈妈给了我一个重新建立自信心的机会。

为了帮助我恢复说话的能力，妈妈让我把一个小石子含在嘴巴里，练习舌头的灵活性。时间长了，磨得嘴里全是血泡。但就是这样，妈妈还是含着泪跟我说："儿子，这些泡、这些血能让你说话变得清楚，能让你不结巴。"妈妈流着眼泪陪我一起练习。

在我成长的路上，妈妈对我的鼓励从来没有停止过。在别人的眼里，我像个弱智儿童一样，头脑不灵活，学习成绩也不好，老师、同学都不喜欢我。但是，妈妈从来没有放弃过我，她一直用她的爱鼓励着我。

记得在一次小学数学考试中，一百分的试卷我只考了30多分。好多同学都嘲笑我，在我的背后指指点点。

当我回到家，妈妈没有批评我，反而一再地鼓励我，给我信心。就这样，我从30多分，考到50多分，60多分……

在小学二年级的升级考试中，我数学考了98分。数学老师在班里表扬了我，但我没有感到高兴，反而更加难过。因为当时老师是用一种看弱智孩子的眼光来看我的，对于我的成绩，他也是当做一个教材来教育其他的孩子。我清楚地记得，当老师说出那句"王楠是咱们班的笨蛋、弱智，他都能考98分，其他人考不过，证明比他还笨"的话时，我伤心得哭了一路。

以前，我考30分、50分的时候，都没有哭过，可是这次……妈妈听到我考了98分还是被别人笑话，妈妈也哭了。

她拿出我的考卷，翻看我答错丢分的那道题。那道题目是这样的：3和5谁大？我写的是3大。

妈妈问我："这道题老师讲过吗？"

"老师没讲。"

"不可能吧？老师没讲过怎么会考？"

"老师讲的时候，是问3和5谁多？老师讲的是5多。老师说，小明有3块糖，小红有5块糖，谁的糖多？我说肯定是小红的糖多，因为5比3多。"

妈妈说："那3和5谁大，你怎么想的？"

"爸爸的弟兄们比较多，爸爸排行第三，五叔排行第五。每次五叔来我们家时，我都听到五叔叫爸爸三哥，所以我考试的时候就想，3一定是比5大。"

妈妈听了我的回答，愣了半晌，她没有想到我的回答是这么地"与众不同"。她看着我，一把把我抱过来说："我儿子是数学天才！"

妈妈拿过我的卷子，拿红笔把98分划了，在旁边写了一个大大的"100"，"100"旁边写一个"+5"。她说："儿子，这次数学考试妈妈给你打105分，你是你们班第一名！"

这一次，我彻底摆脱了自卑的心理，慢慢变得坚强、自信起来。

上了高中，我还积极地竞选团委书记、学生会主席。一路走来，我和妈妈都没想到，我竟然由当初那个自卑的结巴小孩变成了一个自信满满的优秀学生。更没想到，如今能变成一个面对几千、几万人演讲的老师。

在家庭教育中，父母对孩子的鼓励是非常重要的。如果连自己的父母都对自己失去了信心，孩子就会更加自卑。父母对孩子的爱，对孩子的鼓励，能让孩子在艰难困苦中找回自信，乐观坚强地去面对困难、克服困难。

爱，能够唤醒人的斗志

孩子都是比较叛逆的，他们视父母的管教如枷锁，恨不得永远从父母的视线里消失。尽管我有着与别人不一样的童年经历，但到了上初中时，我也和其他同龄人一样，变得离经叛道起来。

中考前，同学们都在冲刺，妈妈也时常督促我学习。但我却觉得这种督促像绳索一样紧紧拴着我，让我感觉不自在。在离中考还有一个多月的时候，妈妈被车撞了，右腿粉碎性骨折。在妈妈住院期间，我沾沾自喜地觉得终于没人管我了，终于可以打篮球、踢足球了。就这样，一周多的时间里，我退后了十多名。

终于有一天，放学之后班主任把我留下了。他询问我退步的原因，我和他较劲就一直不说话，就这样僵持了一个多小时，班主任才无奈地放我回去了。

出了校门，我骑着自行车拼命地往医院赶，我担心妈妈。因为她右腿撞折了，不能上厕所，所以我每天早晨和下午都必须要去医院给妈妈接屎接尿。

等我赶到医院的时候，妈妈正盖着一个大被子躺在病床上。当时是六月份，天气已经很热了。我让妈妈把被子掀开，她坚决不掀。我就去掀开被子，她却用手在里面抓着。她终是没有我力气大，我一把掀开被子，顿时闻见一股臭味。

妈妈像个小孩子似地哭了，说："你怎么今天放学这么晚？我憋了好久，以为你一放学就赶紧来了，没想到你今天来这么晚，我实在忍不住了，也不好意思麻烦别人……"

我把被子掀开，在病房里头，把妈妈的衣服脱了给她擦洗。旁边的人都夸我懂事孝顺，可是他们越夸我，妈妈哭得越厉害，我也越觉得内疚。

我说："妈，你知道我为什么今天放学这么晚吗？因为今天我们模拟考试了。我进步了十多名，所以老师把我留下来，给我补课。这样，中考能考得更好。"

是的，我在妈妈面前撒了谎。但是，从那一刻起，我下定决心一定要把这个谎言变成现实。从那天以后，我晚上便开始发疯似地学习，一个多月时间在我们班进步了三十多名，最后中考是我们班的第二名。

那一次经历，令我悲痛而感奋，让我身上有了一种力量：为了给妈妈争气，我要冲刺。这种力，一直保持到今天。

每次讲座，说起自己的这次经历，大家都陪着我流泪。我认为，任何人的成长都是要有些磨砺的。只有经过磨砺的人，才能够真正成长。

我一直都认为，是妈妈的哭声惊醒了我，是妈妈的爱唤醒了我。这对于我的人生来说是一笔财富。

父母对孩子的爱，能够让孩子有勇气面对磨难，坚强地战胜磨难。爱，能够唤醒孩子心中的斗志，哪怕成长的路再曲折难走，只要有爱一直陪伴着孩子，就会一路微笑着坚强地走下去。

多给孩子一点爱吧，因为那并不难做到。

第一课 爱的教育：没有爱，便没有真正的教育

爱，是我的成功心经

因为一个偶然的机会，我获得了我的第一份家教工作，我的第一个学生是一名叫礼江的初三男生。他本来是我同学带的学生，但因为家长不满意，就由我接手了过来。第一次到他们家，我就发现这个孩子身上有两个问题。

第一个问题是学习奥数带给他的困扰。他上小学的时候是个班长，数学也学得不错，为了进入学校的奥数班连续参加了两次考试，结果都没合格。从那时起，他便开始对自己的数学担心起来，后来经过了加倍的努力，终于考进了奥数班。进入奥数班后的一次考试中，一张一百分的试卷，他只得了二十多分，所以又被退回了普通班。本来他是由班主任推荐去的，自从被退回普通班后，班主任就没有再提到过他。这一系列的事情给他造成了很大的挫败感，而且这个阴影一直伴随着他到了初中。

第二个问题是，到了初中以后，由于他们班的数学老师口音较重，所以他很讨厌数学课的任课老师，以至于对数学课也开始反感。本来在小学时就在数学这一科遇到了挫折，这下更失去了学习的动力。

礼江的语文和英语成绩都还不错，所以家长要求我只负责辅导他的数学功课。但是我想，如果只针对他的数学成绩下功夫，相当于治标不治本，不能真正帮他解决问题。所以我希望能跟他好好聊一聊。

我告诉他，自己曾经也不太喜欢数学，还给他讲了一些自己的故事，礼江看我跟他有共同语言，很乐意跟我沟通。他很好奇我是怎样把数学学好的，我就教了他一些学习数学的小技巧。一个月后，他的数学成绩提高了11分。

家长看到了成效，对我很是满意，多次要给我加钱，我都拒绝了。后来，这个家长在他们居住的小区逢人便说："我儿子的家教老师特别好，教得也好，人品也特别好。原本他只需要教我儿子两个小时的，但他从来都是上两个小时多20分钟才走。每次他都是先让我儿子做题，大部分时间都教我儿子学习方法。剩下的那20分钟，才教我儿子做题。"

我觉得，不管是做老师，还是做家长，都要带着一份爱心去对待孩子。你爱孩子，孩子也会爱你。我们爱孩子，便会不知辛劳地去为孩子付出；孩子爱我们，就会用他骄人的进步来回报我们。

从那之后就有很多的家长排队来找我，而且我给每个学生上课都超过了规定时间。我还经常跟他们的爸爸妈妈聊天。这是一个心理沟通的过程，沟通好了，学生喜欢我，就愿意接受我的教育，然后他们的成绩才会有所提高。就这样，我在做学生家教的过程中积累了大量家庭教育的经验，这为我日后的事业打下了基础。

其实，爱别人，就是给了自己一个成功的机会。这种机会，不需要费尽心机，不需要谋算准备，更不需要等待别人来施舍给你。只要付出自己的一点点爱心，你就会自己为自己创造机会。

家长爱孩子，更要教育孩子爱别人。爱是一种伟大的力量，它能让孩子成为一个坚强、负责、受人尊重的人。

爱，从来都是成功的最大秘诀。

爱，是对孩子最好的教育

别以为你会教孩子

有一位家长曾这样教育她的孩子：

一个人到海边旅游，一天黄昏时，他在海滩上漫步，忽然看见远处有一对母子，他们在沙滩上重复不停地拾起一些东西，然后用力地抛到海里去。

待走近些时，才看清楚原来这对母子在不停地拾起由潮水冲到沙滩上的海星，然后用力地把它们抛回大海去。

于是他奇怪地走上前，对孩子说："你好！小朋友，我不明白你在干什么。"孩子说："我在把这些海星抛回海里。妈妈说，现在正是潮退，海星被潮水冲到岸上，如果不及时回到海里，它们很快便会因缺氧而死掉！"

"我明白了。不过这海滩有数不尽的海星，成千上万的，你怎么能把它们全部送回大海呢？再说，这海岸有过百的海滩，被冲上来的海星不计其数，你可知道你所起的作用并不大啊！"

孩子微笑着，继续拾起另一只海星，一边抛一边说："但起码我用微薄的爱改变了这只海星的命运呀！"

这位家长就是我的妈妈。她在我还小的时候，就经常给我讲这样的故事，培养我的爱心。我的妈妈可以说是一个伟大的母亲，因为她不仅爱我，爱社会万物，更重要的是她用这种爱教育了我，并在生活中时刻传递着这种爱。

爱心被认为是一个人的基本道德和社会的灵魂，培养孩子的爱心更为重要，爱是对孩子最好的教育。

大学毕业后，我开办了自己的家庭教育公司，每天晚上都会去我的学生家做家访。因为只有了解孩子的家庭状况，才能做好家庭教育。假如连学生的父母是做什么工作的，什么脾气，什么秉性都不了解，怎么能做好家庭教育呢？

每次与学生家长谈到孩子的教育问题时，家长们总是滔滔不绝，谈的时间往往也很长。所以，我每天晚上回家的时间都很晚。

因为妈妈以前经历过一场车祸，所以每次我一开车，妈妈就特别担心我，每天晚上都要等到我回来之后才去睡觉。

我跟她说："妈，你别等我了，到时间了就睡。"

后来，我每次回家时发现她已经睡了，就放心了。

我的车停在我们家窗下，每次锁车的声音在家里就听得到。有一天，我回家特别晚，我的停车位被别的车占了，我就把车停在了一个较远的位置。从外面往家里看，我发现我妈妈屋子里的灯还亮着。平时这个时间，她屋里的灯早就灭了。等我推开家门进去后，才发现她突然把灯灭掉了。我也没多想，就进屋休息了。

躺下不久，我听到妈妈的屋里总有声音，等我起身推开妈妈的房门时，才看到妈妈趴在地上。

我急忙去扶她："怎么了？你这……"

"儿子，你今天怎么没有锁车？"

"今天晚上，我的车位停了别人的车。我把车停得很远。妈，你怎么了？"

■ 别以为你会教孩子

"我听见你开门,怕你担心我,就想下去关灯,没站好一下子摔倒了。我在地上爬了好几次想爬起来,都爬不起来……"

"妈,你每天晚上都等我回来了才去睡觉?"

"我每天晚上听见你的锁车声后就把灯关了,然后假装睡觉,怕你担心……"

我把妈妈从地上抱到床上,然后跟她说:"以后每天晚上不管多晚了,我都会给你打个电话,告诉你我在那儿。你就别担心……"

这就是我所拥有的平凡而伟大的母爱。这份爱,给了我无限的温暖,每当我在困难无助的时候,我都能感受到这份爱赐予我的力量。心中这份无时无刻的牵挂总能激励着我,影响着我去永不停息地奋斗,为了一份爱奋斗终身。

父母对孩子的爱总是无私的。其实,只要家长能够正确地表达这种爱,合理地利用这种爱,不吝啬表达也不过分施舍,爱就是对孩子最好的教育。

爱孩子，更要让孩子爱别人

不用别人提醒，每一个做父母的都会尽自己的全力去爱孩子，这是身为父母的天性使然，也是身为父母的责任。然而，很多父母只知道爱，却忽略了爱与被爱的对等性。他们没有意识到：只有让孩子得到爱的同时，懂得付出爱，才能真正实现爱的教育。

为什么现在有些孩子集万千宠爱于一身，却舍不得对别人付出一点点爱呢？

事实上，孩子并不是天生就缺乏爱心，只是由于家人给予的爱太过理所当然，他们只需接受而不必付出，所以才渐渐失去了爱人的能力。但如果后天得不到很好的培养，那么他的爱心就会逐渐消失。所以，作为父母一定要注意引导和培养孩子爱的能力。不仅要爱孩子，也要让他们学会爱别人，引导和培养他们的爱心。

有一位聪明的母亲知道这样的道理，她的教育方法也很独特。

一天早晨，母亲做了两碗荷包蛋面条：一碗面上有蛋，一碗面上没有。把两碗面条端上桌后，母亲问儿子："吃哪一碗？"

"有蛋的那一碗！"儿子天真无邪，指着面上有蛋的那碗说。

"让妈妈吃那碗有蛋的吧！"母亲循循善诱，"孔融7岁能让梨，你10岁啦，该让给妈妈有蛋的面！妈妈为了你整日

第一课 爱的教育：没有爱，便没有真正的教育

很辛苦的。"

"孔融是孔融，我是我——不让！"

"真不让？"

"真不让！"儿子一口就把蛋咬了一半。

待儿子吃完，母亲开始吃。没想到母亲的那碗面上没有蛋，但碗底却藏了两个荷包蛋，儿子傻眼了。

母亲指着碗里的荷包蛋，借机告诫儿子说："记住，有了好吃的东西，应该想到身边你爱的人！"儿子默然无语，似乎有所领悟。

第二次，母亲又做了两碗荷包蛋面。仍是和第一次一样，母亲端上桌后问儿子："吃哪碗？"

"孔融让梨，我让蛋！"儿子想起上次的教训，自作聪明地端起了面上无蛋的那碗。可儿子吃到底，也不见一个蛋，倒是母亲的碗里，上面卧一个，下面藏一个，儿子又傻了眼。

母亲指着蛋教训儿子说："记住，应该诚心地把最好的东西留给身边你爱的人！"儿子情绪沮丧，眼睛里充满了困惑和迷茫。

第三次，母亲又做了两碗荷包蛋面，还是一碗面上有蛋，一碗面上没有。

母亲又重复了同样的话题，她问儿子："吃哪碗？"

"孔融让梨，儿子让面——妈妈您辛苦了，您先吃！"儿子诚恳地说。

"那我就不客气啦！"母亲端过面上有蛋的那碗，儿子吃着吃着发现自己的碗里也藏着一个荷包蛋。

这位母亲通过吃饭这样一件小事，让孩子在享受爱的同时明白要给予爱。现在有许多父母对孩子的爱都变成了溺爱，在这样的爱中，孩子觉得被爱是理所当然的，却不知道在被爱的同时也应该懂得爱别人。所以，在训练营中，我经常说：在培养孩子爱心的过程中，家庭是最重要的爱心培育基地，父母是最直接的爱心播种者。

在我们训练营中，就有这样一个充满爱的家庭，那个爸爸曾跟我们分享了这样一个故事：

五岁的鹏鹏和爸爸、妈妈、哥哥一起到田里干活，突然间下起雨来，可是他们只带了一件雨披。

爸爸将雨披给了妈妈，妈妈给了哥哥，哥哥又给了鹏鹏。

鹏鹏问道："为什么爸爸给了妈妈，妈妈给了哥哥，哥哥又给了我呢？"

爸爸回答说："因为爸爸比妈妈强大，妈妈比哥哥强大，哥哥又比你强大呀。我们都会保护比较弱小的人。"

鹏鹏左右看了看，便跑过去将雨披撑开来挡在了一朵风雨中飘摇娇弱的小花上面。

爱心是人类所有感情中最高贵、最纯朴、最真挚的情感。当一个孩子怀有一颗爱心时，无论是现在还是将来，他的整个心态都会是平和的，从容的，积极的，他的人生也会是高尚的。

爱与被爱是相互依存的。对孩子来说，更是如此，他们只有在被爱中得到了成长与感染，才有可能懂得如何对别人付出自己的爱。因此，作为父母，当你试图对孩子进行爱的教育时，别忘了先给予孩子足够的爱的关怀、爱的鼓励。

我的建议：父母应该怎样培养孩子的爱心

建议一：父母要时刻教导孩子关心他人

很多孩子在父母的百般宠爱下，觉得自己生下来就是"小皇帝"、"小公主"，高别人一等，认为别人都应该关心自己，却不知道向身边的人表达自己的关爱。

作为父母，应该让孩子知道，每一个人都是平等的，要获得别人的关心、帮助，首先要学会关爱他人。

我有一个朋友，是一个摄影师，他经常在各城市间漫游，为他的摄影创作寻找素材。有一次，他从一个小城市回来后跟我说了这样一个故事：

在那个小城市中心的人行道上，有一位大约六七十岁的老人在乞讨。他的披肩长发灰白零乱，其间夹杂着头天晚上在窝棚里睡觉时沾带的旧棉絮。他的衣服乌一块紫一块，浑身散发着酒精和尿、汗的气味。他每天都这么站着，人们从他的身边来来往往，要么没意识到他的存在，要么干脆躲避着他。

摄影师觉得这个老人是一个很好的拍摄素材，于是同他谈了谈，同意付给他一些小费。他很痛快地答应了。于是，摄影师就每天躲在暗处拍摄这个老人的生活。

第三天下午，来了一个小姑娘，大约六七岁的样子，穿着整洁合体的衣服，头上梳着小辫。她走近这个老人，从后面轻轻拽了拽他的衣角。老人转过身，小姑娘伸手将一枚硬币放到他的手心里，刹那间老人喜笑颜开，说了声"谢谢"。

摄影师在暗处看见小姑娘欢蹦乱跳地向不远处一直望着她的父母跑去。让人惊讶的一幕发生了：只见小姑娘的父母又给了小姑娘两枚硬币，并在她耳边说了什么，小姑娘点头想了想之后，再一次跑到老人身边，把那两枚硬币也给了老人。然后非常高兴地跑开了。

摄影师再也按捺不住内心的好奇，他走到小姑娘的父母面前，非常礼貌地提出了自己的疑惑。小姑娘的父亲回答说："我们是想告诉她，只要你付出了爱，就会收获更多的爱。"

我听后不由得感叹，这真是一对有心的父母。他们用三枚硬币换回了女儿的一颗爱心。所以说，父母是孩子爱的教育最好的老师。在对孩子进行爱的教育时，父母只要把爱融入到生活的点滴中就可以了。具体来说，可以从以下几个方面着手：

1. 可以让孩子通过自己照顾宠物或者种植植物来表达爱心，培养最基本的责任心，从而成为一个善解人意的孩子。

2. 让孩子知道，为他人着想时，自己也会感到欣慰。

3. 让孩子与同学一起分享他的玩具；当小朋友不高兴时，让他试着去安慰；当别的同学需要什么文具时，鼓励孩子不带个人企图地主动把自己的文具借给同学。

一位家长曾告诉过我她孩子的故事，让我非常感动——

初春的一天下午，她在房间整理一家人的冬衣，9岁的女儿娜娜饶有兴致地伏在床边看着。这时，她无意中在娜娜羊绒大衣两侧的口袋里各发现一副手套，两副一模一样。

她有些不解地问："娜娜，这个手套要两副叠起来用才够保暖

第一课 爱的教育：没有爱，便没有真正的教育

吗？"娜娜扭过头来看了看手套，明媚的阳光落在孩子微笑的小脸蛋上，异常生动。

"不是的，妈妈。它暖和极了。""那为什么要两双呢？"她更加好奇了。孩子抿了抿小嘴，然后认真地说："其实是这样的，我的同桌翠翠买不起手套，可是她宁愿长冻疮受冻，也不愿意去救助站领那种难看的土布大手套。平时她就敏感极了，从来不接受同学无缘无故赠送的礼物。妈妈买给我的手套又暖和又漂亮，要是翠翠也有一双就不会长冻疮了。所以……"

听完孩子的话，她笑了笑说："娜娜，这副手套是你为翠翠买的吗？如果是的话，你可以装作因为糊涂而多带了一副手套，翠翠就能够欣然接受你的手套了。"

"妈妈，您同意我这么做吗？太好了！今年翠翠的手上就不会生冻疮了。"

她看着孩子活蹦乱跳的样子，欣慰地笑了，孩子的爱心让她觉得很是温暖。

4.父母要以身作则，用自己的言行教育孩子关爱他人。

父母是孩子的第一位"爱"的老师。孩子是从父母彼此相爱、忠诚相待那里感受到家庭之爱，并且将这种爱推及到别人身上。所以，夫妻之间应该相互敬爱，以此来教育孩子热爱父母，从而扩大到爱老师，爱朋友甚至是爱身边的每一个人。

建议二：父母要告诉孩子爱的真谛

从某种意义上来说，爱是孩子成长过程中情感形成的基础。虽然有很多父母都意识到了爱的教育对孩子成长的重要性，但是，他们却不知道应该怎样做才是真正的爱的教育，而仅仅把这种教育流于表面，结果反而更糟。

我就曾遇到过这样一对父母，他们经常教育自己的孩子要尊老爱幼。

当家人每次买回梨后，他们都要教育孩子，要把最大最好的梨留给奶奶吃。孩子领会了父母的意思，每次都会把最大的梨送到奶奶跟前，奶奶笑着夸奖孙子："真是个好孩子，奶奶牙不好，你吃吧。"接着，他又会把梨送到爸爸和妈妈面前，他们都有不吃梨的各种理由。最后，经过了一个轮回，梨又回到孩子手中，于是，孩子拿着那个最大的梨坐在椅子上独自享受。

有一天，爸爸的朋友来家里做客，懂事的孩子马上从装水果的盘子里挑出了一个大梨，送给客人吃。家人见了都非常高兴。那位朋友也高兴地说："你们家的孩子真懂事。"虽说这位朋友不是很喜欢吃梨，但出于对孩子的尊重，他还是接过了那个梨。

谁知，他刚咬了一口就惹来了麻烦，只见这个孩子生气地冲着客人喊："你怎么这么贪吃呢？那个梨是我的！"那位朋友感到很尴尬，咬在嘴里的梨咽也不是，不咽也不是。他脸上露出了迷惑不解的神情：这孩子怎么这样啊！

孩子恼怒地坐在一旁，不停地盯着客人手中的梨。这最大的梨向来是虚晃一枪，最终会落到他手上，这次他一点思想准备都没有，再说他也没遇到过这种事，于是跟客人急眼生气了。

孩子的父母更是尴尬万分，他们也没有想到会发生这样的事，于是赶紧向朋友解释，说这大梨向来是谦让一番，最后必定又会回到孩子的手中。

那位朋友终于明白了其中的缘由，于是赶紧起身告辞。父亲看着朋友离去的身影，无奈地叹了一口气。

这对父母在对孩子进行爱的教育的时候，就是只做了表面工作，却没有从更深的层次上告诉孩子什么才是真正的爱，最终才导致了这样的后果。

父母不能只教孩子在形式上做出某些爱的动作，更重要的是要让孩子知道为什么要这样做，这样做有什么意义。让孩子学会理解爱的真谛，只有这样才能真正培养孩子的爱心。

建议三：让孩子在父母对他的爱中学会爱

估计很多家长都听过这样一个故事：

美国德克萨斯州有一条法律：凡年满14岁的孩子，必须身体力行为父母分担家务，诸如洗碗、擦地、剪草坪等。

在一个星期天的晚上，聪明的男孩汤姆给妈妈写下了一份账单：

汤姆帮妈妈到超级市场买食品，妈妈应付5美元；汤姆自己起床叠被，妈妈应付2美元；汤姆擦地板，妈妈应付3美元；汤姆是一个听话的好孩子，妈妈应付10美元。合计：20美元。汤姆写完后，把纸条压在餐桌上，便上床睡觉去了。

妈妈下班回到家，看到这张纸条后，宽容地笑了笑，随手在上面添了几行字，放到汤姆的枕边。

醒来的汤姆，看到了这样的一张账单：

妈妈含辛茹苦地将汤姆怀了10个月，汤姆应付0美元；妈妈教汤姆走路、说话，汤姆应付0美元；妈妈每天为汤姆做好吃的食物，汤姆应付0美元；妈妈每个周末陪汤姆去儿童乐园，汤姆应付0美元；妈妈每天为汤姆祈祷，希望他成为天使般可爱的小男孩，汤姆应付0美元——合计：0美元。

看完故事，你会给自己的孩子开出怎样的爱的账单？

作为父母，爱孩子固然很重要，但是更重要的是教孩子如何爱别人，让他们在父母的爱中学会爱，爱家人，爱朋友，爱身边的每一个人。

第二课

永恒自信：父母交给孩子的最好礼物

在开始第二堂课之前,我想先问大家几个问题:你的孩子,他对自己的学习有自信吗?他对自己的成长有自信吗?他对自己做的每一件事有自信吗?如果没有自信,很抱歉,各位家长,不是他们的责任,是我们的责任,是我们每一位教育者的责任,当然,最重要的教育者就是他们的父母。所以,这堂课我们需要送给孩子的礼物就是:自信。

教育的核心，就是培养孩子的自信

　　自从我做教育以来，无论是家教，还是后来演讲素质教育、家庭教育，包括现在的精英训练营，我强调最多的一点，就是自信。我一直认为在教育这个环节上，最核心的就是自信的教育。

　　我的成长经历已足够证明自信对一个人成熟和成功的重要性。我们常对孩子说，成绩优秀，才有可能上一个好大学，以后才有可能优越地生活。但在当下这个发展趋势里，要想让孩子有一个好的未来，除了有一个好学历和内涵以外，还必须有勇气去展示，去竞争。而这些能力的根基都在于"自信"二字。所以，家长应该送给孩子的第一份礼物就是自信。

　　2011年冬天，刚刚结束沈阳训练营的时候，有一个山东威海的小女孩找到我，她正在上高二，已经16岁了。

　　我问她最近一次考试考了多少分，她说："580分。"

　　我心想，这么优秀的学生会有什么困扰呢？

　　"王老师，我现在特别没有自信。因为我中考失败了，中考成绩跟我们山东威海最棒的高中差十来分没有进去，我现在只能在一个稍次的高中读书。而且这个学校近11年内，没有一个考上清华、北大的学生。"

　　我一听她的话，就明白了，她的意思是自己没有希望考进清华、

> 第二课　永恒自信：父母交给孩子的最好礼物

北大。

我问她："11年没有考上清华北大的学生，说明什么？"

"说明学校不好，说明老师不好，包括同学的学习劲头都跟别的学校差很多。"

其实，当人不够自信的时候，就容易产生另外一种心态，有人认为是自卑，我说"不"，那是自私。当人不自信的时候，就容易自私，容易狭隘，比较自我。

我跟她说："你说学校不好，老师不好，同学不好，学习氛围不好，甚至你说学校的历史背景不好，11年没有考上清华、北大的学生。那我问你，为什么你就不能成为第一个？"

"不可能，我在学校排40名。"

"你现在排40名，证明还有40个人比你优秀。那比你优秀的40人是不是那些老师教的？"

——当孩子不够自信的时候，就很容易产生不良的情绪，他们不会去分析自己的原因，总是主观地去找外界的原因，这也是我们现在培养孩子面临的一个不可忽视的问题。当一个孩子抱怨的时候，暗含的就是一种畏难情绪，因为不自信，他便放大了外界的干扰因素。因此，培养孩子的自信是不可或缺的。

自信的确不能缺少，但凡事都讲究一个度，自信虽好，同样不能过度。如果因自信过度而变成自夸的话，那就会适得其反了。

所以，当孩子还处于低年级的成长阶段时，请你尽量不要把孩子扔给保姆，也不要托付给爷爷奶奶。保姆和祖父母最关心孩子什么问题？安全！他们只是竭尽全力地保证孩子的舒适和安全，完全不给孩子冒险与自立的机会。没有独立做事的机会，孩子又从哪里取得成就感和自信心呢？

一个人的自信到底来源于什么？我看过很多有关教育的书籍都说："好孩子是夸出来的，自信心也是夸出来的。"这句话看上去没错，但是它缺少了一个度的约束。

　　赞美孩子对于家长，尤其是祖父母来说几乎是不用教的。在他们眼里，孩子的一切都是完美的，有的孩子也因此认为自己就是最棒的。但为什么常有家长抱怨说："他明明一考试就考90分，却每次都跟我说100分没问题？"这就是自信变成了自夸的后果。

　　夸赞是随着好结果而产生的一种行为，不是事先的盲目欣赏。因此，好孩子总是在争取受赞美的机会，而不是被赞美推着去完成任务。家长的夸赞对象也不是结果本身，而是孩子尽心尽力的整个努力过程。就算孩子没有把事情完成好，你也可以夸他收获了经验啊！你也可以夸他增长了见识啊！甚至可以夸他坚强，不怕失败等等。

　　只有掌握好了这个"度"，你才能够既保证了孩子的自信心，又不盲目增长他的骄傲心理。

喜欢孩子，从而让孩子喜欢上自己

当你决定当爸爸妈妈的时候，你在这个世界上就是最伟大的人。当一个新的生命刚刚来到这个家庭的时候，我们也许不富有，但是，我们的家庭充满了快乐。

两岁之前，几乎所有的家长都认为自己的儿子、女儿是最棒的！是最漂亮的！是无与伦比的！但是从三岁开始，他开始淘气，他开始不再听话，家长们就产生了"我怎么养了这么一个孩子？"的想法。从四岁、五岁上幼儿园开始，一旦有了横向比较，悲剧就开始发生了，家长们总觉得别人的孩子比自己的孩子听话，总觉得别人的孩子学什么都比我的孩子学得好。"你看王叔叔家的小辉哥哥，考了600多分，你说你怎么就不能呢？""我是你李阿姨的领导，你和他们家的欣欣也是同学，人家当着班长，你只是个普通同学，让我的面子往哪搁啊？""我挣的钱都花你身上了，你说你怎么就没点儿过人之处呢？"……久而久之，孩子就会觉得自己真的很没用，更甚者便自暴自弃了。

实际上，要想让孩子成功，要想让孩子更优秀，首先要从喜欢你的孩子开始，这样你的孩子才会喜欢自己，喜欢自己才会相信自己。

天空总会有阴晴，成长的道路总会有失败、成功。每个人都有他的可取之处，每个孩子也都需要人们的喜欢，尤其是自己的父母。

你希望你的孩子更听话还是更有自己的主见和思想？我想大部分

家长都会选择后者，但往往有主见、有思想的孩子都不会太听话。所以很多原本可以很有思想的孩子都被家长的"爱"给淹没了。

现在很多孩子不喜欢回家，逆反的表现对比很鲜明的是，每当训练要结束的时候，很多孩子都会抱着我哭，不愿离开我，不愿回家。最让我感动的是，他们会告诉我，他们特别喜欢我。

每次训练结束后，孩子们大都变得很自信、很积极，马虎的毛病、做事情拖拉的问题都解决了。你们知道这是为什么吗？因为我是发自内心地喜欢他们，相信他们可以做得很好，我不会像他们的家长那样苛刻，不会高标准、严要求。

在我们的营地训练中，有个小秘密：我会努力让孩子们感觉到，"你是最棒的，王老师最喜欢你！"我会用聊天的方式，用给孩子留言的方式，或者用短信的方式告诉他我对他们的喜爱，而孩子们大都会像宝贝一样保存这些信息。

我会时常告诉我的学生："你已经做得不错了。"每当我这么说的时候，我的学生接下来一定会做得更努力，更好！当他知道我欣赏他以后，每个孩子都是那么的积极，那么的努力！

所以，家长们，你如果真的喜欢孩子，如果你想让孩子更自信，更积极，就请记住：信任他，给他说话的权利，给他做事的权利，给他肯定，给他认同，给他成就感，让孩子喜欢上自己。

第二课 永恒自信：父母交给孩子的最好礼物

给孩子展现自信机会：我是最棒的

在我的训练营中，有一个"背摔"的游戏。每个孩子站在高台上背摔，我们称它为"挑战自信大魔咒"。经常有孩子会被自己震撼，被同学感动，他们常常兴奋地告诉我："王老师，真的很久没有人认为我很出色，认为我很聪明了，很久没有人为我鼓掌了，我都不知道，原来我有那么大的能量，原来我是如此自信！当我找到自信的感觉时，请您相信我，学习我一定可以做得更好！"

在某一个暑假，营地里来了一个自称有"舞台恐惧症"的女孩——刘燕。营地第二天的主题正好是自信，要求每个人站在高高的舞台上大喊"自信大魔咒"并赢得在场所有人的信任。刘燕一直不敢上台，其实她是一个勇敢而有思想的孩子。平时对于各种问题都有着自己独特深入的理解，可这一天她却迟迟不敢上台。几经询问之下我才知道，原来在小学的一次演讲比赛中，她因为过于紧张忘词了，最后被人哄下台。从那天起，她看到舞台就开始觉得恐慌，两手冰凉，手心是汗，两条腿不停地抖，满脑子想的都是台下人笑话她的画面。"自信舞台"这节课对她来说非常有难度。

全队同学知道了她的情况后，有的给她喊"加油"，有的善意地对她微笑，还有的对她比划加油的手势。在全队的鼓励之下，她终于站上了舞台，赢得了全队同学的信任。就在她自信心大增之时，另外的几个小队从舞台前走过，面对那么多陌生的面孔，刘燕坚持了下来，她赢得了所有在场人员的信任。

从舞台上走下来的刘燕，用她满是汗水的手同老师握手，拥抱。并悄悄告诉老师，她的"舞台恐惧症"好了。是的，刘燕的"舞台恐惧症"好了，结营那天，她当着400人的面做了即兴演讲。她敏捷的思路，大方的谈吐，赢得了400人的掌声，自信又回到了她的身上。

作为家长，一定要经常创造机会，让孩子在别人面前去展示，让别人发自肺腑地为他鼓掌，让别人说："你太棒了！"让别人羡慕他，让别人觉得"哎呀，你的钢琴怎么弹得这么棒！"、"你的小提琴怎么拉得这么棒！"

到那个时候，你会发现，你再也不用跟孩子说："宝贝，练琴半小时，我给你买麦当劳。"因为在这个世界上，人可以没有吃的，人可以没有玩的，但是人不能没有尊敬和认可。而事实是，我们给孩子的尊敬和认可太少了。

有一句古话："人前教子，背后教妻。"现在，我要告诉大家，对于孩子，一定要在背后教。因为现在的孩子都很要面子。孩子要面子，说明什么？说明他们有自尊心，有上进心。即便孩子说了谎话，我们也要尽量去理解他们。你要知道，孩子的心是单纯的！他们之所以会撒谎，不过是不想让爸爸妈妈失望和生气。所以，如果父母的失望和脾气少一点，孩子的谎话也会自然消失的。

孩子的想法总是很简单的，所以，我们要去爱他们，去理解他们，去包容他们。人都会犯错，重要的是孩子犯错之后，家长们该怎么做。当一个家长给了孩子展现自信的机会后，这个孩子就有了希望，他会变得越来越优秀。

自信是孩子身上夺目的光芒

许多成功者身上,都有这种自信的力量。他们在自信力的推动下,总是向自己不断提出更高的要求,直至取得成功。

我们先来说一下大科学家爱因斯坦的故事。

爱因斯坦读小学的时候,有一次上完劳作课,同学们都交上了自己的作品,惟独爱因斯坦没有交,直到第二天,他才送来一只做得很粗陋的小板凳。老师看了很不满意地说:"我想,世界上不会有比这更坏的小板凳了……"爱因斯坦回答说:"有的。"他不慌不忙地从课桌下面拿出两只小板凳,举起左手的小板凳说:"这是我第一次做的。"又举起右手的小板凳说:"这是我第二次做的,刚才交的是我第三次做的。虽然不能使人满意,但总比这两只强一些。"爱因斯坦的自信就是在这种纵向比较中树立起来的。爱因斯坦的"相对论"发表以后,有人曾创造了一本《百人驳相对论》,网罗了一批所谓名流对这一理论进行声势浩大的反驳。可是爱因斯坦相信自己的理论必然会取得胜利,对反驳不屑一顾,他说:"如果我的理论是错的,一个反驳就够了,一百个零加起来还是零。"他坚定了必胜的信念,坚持研究,终于使"相对论"成为20世纪的伟大理论。

不仅仅是在科学研究方面需要自信心,在商场上同样需要自信心,最典型的例子莫过于比尔·盖茨了。

小盖茨在11岁的时候上的是公理会的教会学校。

一次,西雅图大学社区公理会教堂德高望重的牧师戴尔·泰勒,向盖茨所在的班级宣布:"谁要是背诵出《马太福音》5~7章的全部内容,我就邀请他到西雅图的'太空针'高塔餐厅参加免费聚餐会。"

"太空针"高塔高153.3米,高塔餐厅中可以遇到所有西雅图的头面人物,该餐厅是整个西雅图最高级、最体面的地方。

不过,"世上没有免费的午餐",要获得与泰勒牧师在这家餐厅共进晚餐的机会绝非易事。戴尔·泰勒在几十年的教书生涯中形成了一个惯例:每年都要求他的学生背诵这几个章节。因为这几个章节不仅篇幅很长,连贯性不强,还很拗口。

据牧师说,他至今还没有遇见一个学生能够一字不漏地完整地背下来。尽管盖茨对宗教之类的《圣经》并不太感兴趣,但也读过一些。他真的很想得到到西雅图的'太空针'高塔餐厅参加免费聚餐会的机会。在内心深处,他相信自己一定能够把《马太福音》5~7章的全部内容背诵下来。于是,他放学后就开始背诵。

第二天上课的时候,牧师问有谁能背诵的,没有一个人站起来。这时,小盖茨信心十足地站起来,抑扬顿挫地背了起来:

第二课 永恒自信:父母交给孩子的最好礼物

> "……耶稣看见这么多人，就坐下，门徒到他面前来，他就开始教导他们，说：虚心的人有福了！因为天国是他们的。哀恸的人有福了！因为他们必得安慰。温和的人有福了！因为他们承受土地。饥渴的人有福了！因为他们必得饱足。怜恤的人有福了！因为他们心蒙怜恤。清新的人有福了！因为他们必得见神……"

泰勒后来回忆说："我无法想象他竟有如此高的天赋……他喜欢接受挑战。尽管'太空针'高塔的聚会极富诱惑力，但是大多接受挑战的孩子并没有为此做出艰辛努力，因为他们没有足够的自信能够背诵下来，只有比尔·盖茨做到了。"

20年后，小盖茨成为全球首富。

从这些成功者的身上，我们都可以感受到自信的力量。由此可见，自信对孩子一生的发展有着巨大的作用。

这里还有一个训练营中真实的案例，我不妨讲给家长们听一听：

2009年的一个晚上，我接到了来自南昌的电话。孩子的家长告诉我说，她的孩子小熊学习特别不用功，家长说什么都不听，尤其是每次让他检查作业都不听。我听了家长的话，第一反应是事有蹊跷，就让小熊接了电话。

这个孩子是之前在训练营接受过训练的，通过上了几次自信课以后，这个内向寡言的男孩子一下子变得自信开朗起来，也能跟朋友、家长建立良好的沟通。现在，怎么又不听话了呢？当我询问小熊情况时，小伙子在电话里告诉我，说他对自己的计算很有信心，同时还认为老师的答案也不一定就都是对的，所以不喜欢按照老师的答案审核自己的作业，而且妈妈太死板……我听着就笑了。

最后的解决方案是我和家长商议定出来的：我非常认可小熊独立思考不盲从的勇气和精神，所以绝对支持他独立完成作业，不过我建议他在发现自己与老师答案不一致时，可以多跟老师沟通，寻找原因，毕竟也不确定谁对谁错嘛。妈妈可以代为监督跟进他与老师的讨论结果，但是不可以擅自干涉孩子的学习决定。

就这样，我们带领小熊找到了一种愉悦的学习方式，树立起更大的自信。后来，小熊以优异成绩被南昌市最顶尖的外国语中学的初中部录取，并自信满满地向着南昌外国语中学的高中部进发。

自信的孩子总是人群中最闪耀夺目的焦点，他们的光芒能使孩子看起来充满活力与激情，他们的光芒也一样能感染身边的小朋友。家长要做一个掘金人，不断培养孩子自信的性格，让自己的孩子努力成为未来的爱因斯坦或是比尔·盖茨吧！

第二课 永恒自信：父母交给孩子的最好礼物

让孩子回归本原,做自信的鹰

我们先来看一则故事。

从前,有一只老鹰,它飞得很高,目光睿智,速度很快。

一天,它在自己的家里生了三个蛋,蛋一、蛋二、蛋三。它们的家就在悬崖之上。一次,鹰妈妈留下三只蛋宝宝,自己出去觅食了。就在它飞走后不久,天空突然乌云密布、电闪雷鸣,接着就是风雨交加。狂风袭击了这个悬崖之上的鹰窝,三只蛋宝宝在狂风暴雨中摇摇欲坠,最后落在了一个很柔软的窝里,是一个鸡窝。

一会儿,鸡妈妈回来了,它惊讶地发现:咦,怎么多了三个大个头的蛋宝宝?虽然鸡妈妈感到十分疑惑,但是出于母性的爱,它还是把三个大个头的蛋宝宝也守护在了自己的翅膀下,慈爱地孵化起这些蛋。

20天过去了,蛋宝宝们一个个破壳而出,先出生的小鸡睁着好奇的眼睛看着三只特大号的蛋。忽然,蛋一的壳破裂了,从里面钻出了一个大脑袋,所有的鸡都愣了:啊!它怎么长得这么丑?它的嘴不像我的这么帅,尾巴也不像我的这么直,它是不是个怪物啊?还没来得及思考,蛋二、蛋三也出生了,三个与众不同的大家伙引起了小鸡们的好奇,小鸡们不断地问鸡妈妈:"它们是鸡吗?"

因为它们实在是太丑了,所以慢慢的,所有的小鸡都指着它们说:"丑鸡!丑鸡!"于是,这三个大家伙又有了新的名字:"丑鸡"一号、

"丑鸡"二号和"丑鸡"三号。

从它们出生的第一天起,所有的小鸡都对它们不尊重,三只"丑鸡"为了生存,也像其他的小鸡一样去捉虫吃。但是它们的爪子很硬,很难像其他小鸡一样灵敏地捉虫。不是半天捉不到,就是一下就把虫子弄死了。三只"丑鸡"不顺心的不仅是同伴的欺负,就连鸡窝都跟它们作对,当它们向别的小鸡一样,想要兴奋地冲出鸡窝去玩耍时,经常会撞在鸡窝的门框上。于是小鸡们商议:"别叫它们丑鸡了,它们不仅丑,还很笨,干脆叫它们笨鸡吧!"于是,它们又被叫做了"笨鸡"一号、"笨鸡"二号和"笨鸡"三号。

有一天,鸡妈妈把所有的鸡都领到了山上,说:"孩子们,看到那个大家伙了吗?它特别厉害,它会飞,当你们看到它的时候,必须用最快的速度躲到我的翅膀下,或者找到隐蔽的地方躲起来,否则你们的小命将不保。记住了吗?"所有的鸡都说:"记住了,记住了。"

那个飞翔的动物就是鹰,而鹰和鸡是一对天敌。

突然,天空中有一只鹰向三只"笨鸡"俯冲而来,鹰张开翅膀把它们拦住了,它们愣在那里,吓得失去了反应。

就在僵持的时候,鹰对三只"笨鸡"说:"你们是鹰,不是鸡,我不知道你们为什么会在鸡群里,但我告诉你们,你们是鹰,鹰是要翱翔在天空里俯视一切的,而且是要有极快的速度捕食猎物的。记住,你们是鹰。"说完,那只鹰拍拍翅膀飞走了。

看到鹰离开,三只"笨鸡"的心终于宽松了下来。它们快速地跑到鸡妈妈那里,鸡妈妈看到它们安然无恙,庆幸地说:"你们太幸运了!我还从没看到过哪只鸡能逃脱鹰的魔爪呢!"其他小鸡不屑地说:"切!是它们长得太丑!鹰才放过了它们的。"

回家之后,三只"笨鸡"想起了鹰对它们说的话:"你们是鹰!"

"笨鸡"一号想:"我到底是不是鹰?爪子很像,嘴也很像,毛也像。"于是它到了一个空旷的地方,"我如果是鹰,我就可以翱翔在天空里，我要学会飞呀！"它跃跃欲试起来。

"蹦"！一次落地，"蹦！"又一次落地，"哎！看来我真的不是一只鹰，我连飞都不会，算了，我就做一只普通的鸡就可以了。""笨鸡"一号沮丧地回家了。

"笨鸡"二号出于好奇，也找了个空地尝试飞翔。

"唰！蹦！唰！蹦！"一次又一次飞起、落地……"我到底行不行啊？再来一次，如果我能飞上所有鸡都飞不上的墙头，我就成功了。"于是，"笨鸡"二号儿看着那个墙头使劲一飞，它真的落在了墙头上，它心里美极了，背着翅膀、迈着四方步，走在墙头上，"哈哈！我会飞了，看来，我真是这个世界上最伟大的鸡啊！"

"笨鸡"三号也来到这片空旷的地方，"我也试试飞翔吧！"在一次又一次的失败之后，"笨鸡"三号也站到了墙头上。

看着辽阔的蓝天，它想："这高高的墙头我都能飞上来，我是不是真的是一只鹰？我是不是真的可以飞上蓝天呢？"于是它又开始了更高难度的尝试。但由于它掌握不了平衡，身上的毛都蹭掉了，爪子也流血了。但是，它没有放弃，它不断地告诉自己："我一定要飞上蓝天。我相信自己是一只鹰。"

经过几十次的不断尝试后，它忽然发现，它真的学会了飞。当它看到天是那么的蓝，那么的辽阔，那么的清晰的时候，它太自豪了，太享受了，它终于成为一只飞翔在天空中的鹰了。可是，飞着，飞着，"扑通"，它又落地了。原来是它饿了。它想起那只鹰还说过："鹰是要俯视一切，并能迅速抓到猎物的。"于是，它开始学习猎食了。它一次又一次地俯冲、练习……最后，当它终于能够准确地捕捉到自己的猎物时，它已经确信自己就是一只真正的鹰了。

半年之后的一天，黄鼠狼来了，饥肠辘辘，抬眼一看，鸡窝，好！有鸡吃了！黄鼠狼破门而入的一瞬间愣住了，"嗯？鹰？怎么一只鹰在这儿？完了，我的小命要结束了。"

黄鼠狼正害怕得向后退的时候，突然看到面前的小鹰也向后退了一步。黄鼠狼又往后退一步，鹰同样退了一步。黄鼠狼见状心中暗喜，它鼓足勇气向前迈了一步，鹰却胆怯地向后退了两步。黄鼠狼大喜，"原来这是一只什么都不会的鹰。"于是它一个箭步冲上去，咬住了鹰的脖子。黄鼠狼一边享受美食，一边骄傲地想："没想到，我这辈子有这口福，居然吃了一只鹰。"

过了几天，黄鼠狼又饿了，又来到了鸡窝，一脚踹开了门，呵！又是一只鹰出现在眼前，因为有了上一次的经验，它轻轻地往前迈了一步，但这一次，面前的鹰并没有动。它又往前迈一步，眼睛瞄准了鹰的脖子。接着它"嗖"地一声向鹰扑了过去，不料，却扑了个空。然而几个回合的对峙之后，鹰体力不支，最终还是成了黄鼠狼的猎物。

黄鼠狼太自豪了，一连两次吃到了鹰。

第三次，黄鼠狼又看到一只鹰，它不屑地想："一定又是一只鸡脾气的鹰。"于是没有多余的试探，直接冲了上去。让它出乎意料的是，这只鹰不但迅速地躲开了，而且迅速腾空而起，一个俯冲把黄鼠狼紧紧地抓住了，黄鼠狼绝望了，"完了，这次真的遇到鹰了。"最终黄鼠狼死在了第三只小鹰的手里。

讲完了故事，让我们来看一下这三只小鹰的心态。

第一只鹰不相信自己是鹰；第二只鹰，怀疑自己是鹰还是鸡；第三只鹰，坚信自己是鹰。

事实证明，是鹰，是鸡，不仅是由基因决定的，还是由它的信心决定的。这三只小鹰就相当于我们的孩子。孩子相信自己是雄鹰，那他就能够成为雄鹰；相信自己是只雏鸡，那他就只能成为一只雏鸡。

毫无疑问，我们都希望自己的孩子能成为第三只小鹰，那么如何才能让孩子成为一只自信的小雄鹰呢？

最关键的一步就是，我们必须让孩子自己意识到："我是一只鹰。"只有这样，当孩子遇到困难的时候，他才不会恐惧，不会退缩，因

第二课　永恒自信：父母交给孩子的最好礼物

为他心中会有一个信念:"我是一只鹰。既然是鹰就应该突破这些困难。"

如何才能建立这种自信呢?是由家长来灌输吗?不全是。就像前两只小鹰一样,它们都被告知了自己是鹰的事实,但是它们没有充分认识到自己的本性和能力。所以它们没有激发出自己作为鹰的潜能,反而把自己的独特之处看作了自己的缺陷,深深陷入无知与自卑中的鹰,又怎么可能振翅高飞呢?因此,我们需要让孩子亲自去发掘自身的独特与优势,让他们甩开周围人的批评与责备,找到自己的优点!

自信的阳光，是父母给予的

我曾经给我的学生布置过这样一个作业：我让他们去观察我们校园里的柳树，把观察的结果反馈回来。

孩子们回来后有了一个共同的发现，那就是，明明是同时种下的几棵柳树长得却都不一样。例如有的柳树已经发芽，有的还只是粗粗的枝条。我让孩子们思考一下这是为什么，孩子们经过仔细观察后告诉我："因为校园里有一道围墙，有几棵柳树能晒到阳光，有几棵则不能，因此，就有了这样的结果。"

没有自信心的孩子就像是缺少了阳光的柳树，萎靡不振，他们自然不会有上进心，更不会有学习的动力，甚至会失去一个快乐的童年。

2006年的某一天，我接到了一个来自河南的电话——"是王老师吗？""是的，您有什么事吗？""我是慕名打的电话，听我的同事说您对孩子的教育很有方法，我想让您救救我的女儿！""您女儿怎么了？""她今年14岁，书念得怎么样都已经不是什么大问题了……她经常会拿刀子划自己的胳膊，甚至告诉我她不想活了，也许哪天就割腕自杀了！您一定要帮帮我，救救我的女儿呀！"

一个多小时的电话，我详细地了解了这个孩子从小到现在的具体情况，最后我告诉她的爸爸，"十一"就让她来北京参加训练营吧，我应该有办法！

第二课 永恒自信：父母交给孩子的最好礼物

就这样，我见到了周丽，原本一张很可爱的脸蛋，却是面无表情，甚至是冷冰冰的。别人跟她说话，她也完全不理会，甚至连看人一眼都不看。一天，两天，几乎都是这样，她就沉浸在自己一个人的世界里。我知道不要着急，因为其实这不是真的她。

就在第三天时，发生了这样一件事，训练营里的每个孩子都要完成一项挑战——背摔，就是要从一个高高的台子上向后倒下来，底下没有垫子，只有老师和同学用手搭成的一张大网接着。不少同学都是望而却步，甚至连几个大男孩此时都没了声音。只见周丽高高地举起了手，一句"我来"，震惊了全场。鸦雀无声，周丽走上了高台，吸了口气，大声说道："大家好，我是周丽，我准备好了，我的团队准备好了吗？"我和老师、同学们大声回答："准备好了！""我要倒了？""倒吧！"一个像树一般笔直的身体，画了一个美妙的弧线，勇敢地倒了下来，瞬间就躺在了我们用手搭造的大床上。全场响起了如雷般的掌声。我能看到周丽脸上洋溢着自信的笑容。我借着这个机会，马上把她请回到台子上，让她告诉大家倒下时的感受，以及她为什么那么勇敢，她是怎么做到的？她有一点点不好意思地对大家讲："其实，这个也没什么啦，你站在那，什么都别想，特别是不要往下看，一闭眼，就倒下去了。最关键的就是你一定要相信下面的老师和同学，相信他们一定会接住你的，躺在用手做的床上，感觉可舒服，可爽了！"看着她微笑的脸庞，我知道有机会了。

背摔做完后，吃中午饭的时候，我特意坐在了周丽旁边，不经意地和她开始聊天。"今天真不错，表现真勇敢呀！""哎呀，老师别再夸我了，其他同学也都很不错。""像你这么勇敢，这么积极，在学校的表现也很棒吧？""王老师，其实我原来是挺优秀的，可是现在就不行了……小学，我一直都是班干部，成绩也是名列前茅，还考上了我们那很不错的初中。可就在这个时候，爸爸妈妈他们离婚了，妈妈离开家，就剩我和爸爸两个人了。虽然爸爸还像以前一样对我很好，给我做饭，给我洗衣，拼命地给我挣钱，可是他却越来越爱喝酒，越来越少说话。我知道他不开心，所以我也特别不开心，越来越没有心情学习，上课也没以前积极了。老师问我是不是出什么事情了，我怕别人知道了会笑话我，会瞧不起我，还有可能会可怜我，所以我什么都没说。在考试时，我退步了不少，老师就把我的班长给撤了。从此，我就不怎么说话了，也不再努力了。"

看着她流着泪的双眼，我的心里很难过。我小心翼翼地拉过她的手，轻轻地撩起袖子，看见不少用刀割伤后留下的印记，心疼地说："这些不疼吗？傻姑娘？""王老师，一开始，我就是想用这样的方式引起所有人对我的关注，这样我才觉得我是有价值的。可是后来，我有的时候真的难受得不知道该怎么办！我不想像现在这样，我不喜欢现在的自己，可是我没有勇气，我更不知道我该怎么办！我很无助，甚至很绝望，就想用这样的方式发泄，就……"

"每个人都会有很多的不如意，不顺心，而那些优秀的人则会遇到更多的挑战和考验，孩子，就像你站在那个高台上一样，你一定要相信下面的团队会接住你，这样你就会有更大的信心、更多的勇气鼓励自己，信任自己，做一个勇敢的人。其实，王老师也像你一样，小学经历了父母的离异，中学经历了妈妈的车祸，又经历了高考的失利，但是今天不是依然坐在你面前，依然站在讲台上，和我的学生们一起快乐地成长，和我的家长们一起分享教育的快乐嘛！孩子，从现在开始，让我们相信自己，信任别人，用我们的努力和精彩最终赢得别人乃至世界的认可！"

"谢谢您，王老师，我明白了，我懂了！"

从那次谈话以后，周丽慢慢变得自信起来，她开始和营地里的孩子们快乐地聊天、玩耍、学习，开始在老师们面前大胆地表现自己，开始充满活力与自信。

在结营仪式上，周丽当着全场一百多个家长和近一百名同学，勇敢地拿起麦克风，告诉全世界：那个自闭、自卑、自虐甚至想要自杀的女孩从此不见了，只留下一个自信、自爱、自尊和努力的好女孩。当一个只有40多岁，却已满头白发的中年男人，泪流满面地走上舞台，紧紧抱住这个女孩的时候，我们所有人的眼睛全都湿润了。而当那个男人转身向我走来，"扑通"一下就要跪在我面前的时候，我一把挽住了他："其实，不用谢我，孩子身上自信的阳光，从来都是父母给予的。"

　　作为家长，也许你的孩子也像之前的周丽一样，是棵萎靡的小柳树，当你发现自己的孩子有许多不尽如人意的地方时，不要去埋怨他，因为他的幼稚也许是我们家长给的阳光或水分不足。而最充足的阳光和水分就是我们为孩子建立的自信心。因此，当孩子正处于树立自信心的关键时期时，家长一定要让这道阳光照射到孩子们的内心深处。

告诉孩子：永远不要小看自己

我曾经看到过一个故事，故事的主人公是一个充满自信最终取得成功的小男孩。在我的自信课上，我不止一次地把这个小男孩的故事讲给我的学生听。

有这样一个小男孩，他非常自卑，贫寒的家境使他老觉得自己处处低人一等。

在学校里，小男孩总是低着头走路，只要碰到调皮的学生，他便赶紧躲开，尽管如此，他仍然常常无缘无故地成为别人的出气筒。可怜的他，连还手的勇气也没有。受尽欺负的小男孩常在心里问自己："我什么时候才能比别人强一点不受别人欺负呢？"

有一天，老师带着全班同学来到一家生产水果罐头的工厂学习。孩子们的任务是刷洗那些收回来的空罐头瓶子。为了激励大家，老师宣布开展比赛，看谁刷洗瓶子最多。

小男孩站在同学中间，听见老师的号召，心里一阵激动，他从来没有得到过"第一"，那一刻他下定决心，一定要得到它。

他很快就学会了所有的刷瓶程序，而且刷得非常认真，

第二课 永恒自信：父母交给孩子的最好礼物

一个接一个,一整天都没有停下来,一双小手被水泡得泛起一层白皮。结果,他刷了108个,是所有孩子里面刷洗瓶子最多的。当老师宣布这一结果时,小男孩非常高兴,那种成功后极度快乐的感受,从此一直留在他的记忆中。

也就是从那一天起,当时10岁的小男孩知道自己的生活可以从此完全不同了。得了"第一"的他一下子明白了,无论什么事情,只要他肯干,就一定可以干好。他开始拼命地去做自己想做的事情,他坚信,只要坚韧不拔地努力下去,就一定能够得到自己想要的东西。

果然,这个小男孩一路顺利地走了下去:1985年,他从重庆大学计算机专业毕业;1988年,他获得哈尔滨工业大学计算机专业硕士学位;1991年,他获得哈尔滨工业大学计算机专业博士学位。他拥有数项重大发明,曾三次荣获部级科技进步二等奖。

如今,当年的小男孩已经成为"微软亚洲研究院"的主任研究员,是计算机自然语言领域中公认的最为优秀的科学家之一,他叫周明。

周明说,当年自己正是从"手中的108个瓶子"中发现成为天才的全部秘密——任何时候都不要小看自己。

不要小看自己,就是要有自信。只要有自信,我们就会取得意想不到的成功。

一位学者说过:自信是能力的催化剂,信心能把人的一切潜能调动起来,并将身体各部分的功能调整到最佳状态。这种调动和调整如果不断发挥,它将能巩固成为人的一种本性,从而终身受益。

"王慧是一个比较孤僻的孩子,平时在班里并不是很会说话,但是个比较聪明的孩子,她会说英语,对自己感兴趣的东西会很着迷,而且她的知识面很广，经常能在不经意的时候表现出来。但是在日常的生活中她却很少与老师和同伴交流，相对而言，她更喜欢沉浸在自己的世界里。"

这是王慧来到营地之前，通过王慧父母的描述加上我与王慧两次的沟通我所做出的一个总结。

果不其然，在王慧来到训练营的头两天里，几乎一言不发，营地里的活动也基本是在被迫的情况下应付了事；她跟队友没有任何交流，只是木讷地站在队伍里，一脸茫然与黯然。

私底下我通过他们的队长侧面了解了一下王慧的情况，让我吃惊的是，她的队友并不反感与排斥她，因为有几次她都给队友提供了一些很关键的意见与帮助，例如团队建设中，对队名和队伍口号她都给出了惊人的建议。

这样的孩子，如果能打开自己，将会非常出众。同时，我也开始怀疑，这个孩子背后一定隐藏了一个秘密，而我要想办法解开这个谜团。

第三天的课程很重，对于王慧内心的冲击也很大，我借着这个档口靠近她，从跟她聊对于今天课程的感触开始，慢慢就带出了她藏在内心深处许久的那个秘密：原来王慧从小就十分优秀，从幼儿园到小学再到初中全是重点学校，而且在每个阶段都是佼佼者，无论是学习成绩，还是兴趣特长，都是让大家羡慕的优等生。也就是这种优等，让每一个见到王慧的人，同学、老师、家长、亲戚都是一句话，"王慧是个优等生，将来一定能考上清华、北大"。渐渐地，王慧的父母也把她的学习看得越来越重，天天灌输的也是重点高中、重点大学的思想。虽然王慧享受着别人的赞誉，但心里却慢慢开始思索，"如果有一天我学习不再那么优秀了，大家还会像现在这样对我吗？"在这样的生活中，王慧的压力越来越大。直到中考降临，王慧仅差3分没有考进重点高中，而同龄中有些以往不如自己的人却考进了重点高中。质疑声、叹息声开始慢慢充斥了王慧的耳朵，原本在常人看来平淡无奇的质疑与惋惜却像两座巨大的大山一样压在王慧的身上，让她几乎喘不过气来。就从那一刻开始，王慧脸上渐渐失去了笑容，眼神慢慢变得黯淡，走路开始低着头，在人群中慢慢把自己藏了起来。

我的怀疑终于得到确定。于是在营地剩下的时间里我直接针对王慧自信心受挫，价值观扭曲这一系列心理问题做出调整，帮助王慧重新认识自己，认识身边的环境，认识周围的人以及对于她的看法。王慧也很快找到了自己的前进方向，端正了自己的人生态度，重新诠释了自己的人生价值，开始和队友团结协作，和志同道合的人聊天说地，和老师交换思想。最终在营地结束的时候，王慧出人意料地拿到了营地的"精英成就奖"，重新开始了自己的人生篇章。

当营地结束，我在最短的时间内跟王慧的家长进行了一次深刻的对话，跟王慧的父母深入讲解了家庭教育的重要性及必要手段，并以书面形式告诉家长如何给孩子营造一个温馨、和谐、理智的成长环境，及青少年心理成长状况手册以帮助他们优势培养王慧的良好性格。

半年时间过去之后，王慧再一次来到训练营，当她站在开营仪式的讲台上发言的时候，她用这一年半间自己真实的人生经历告诉即将开始训练营生活的新朋友一件重要的事情。那就是，每个人都有做出选择的权利，每个人也都有成功的权利，就看你是否能把两种权利放在一起，那么，你就是下一个成功者！

任何时候都不要小看自己，这是一种自信的表现，是孩子从小就应该培养起来的。家长在教育孩子的时候，不仅要在孩子失意时给予自信，还要在得意时同样给予自信，千万不能因为孩子的一次失利就看轻自己的孩子。你们是孩子生命中最亲近的人，如果连自己的父母都嫌弃他们，小看他们，孩子在这世上还有什么尊严？

当孩子充满自信的时候，他们的潜力往往能够得到最大限度的激发。常常地告诉孩子，永远都不要小看自己，你会发现，你的孩子真的成长得很快。

与其授予知识，不如授予自信

在做家教的几年里，我接触过各种性格的孩子，从他们的身上，我总结出要让孩子对学习产生兴趣和动力，就要树立孩子的自信心。

这里有一个较为典型的例子，是我曾经带过的一个女孩，她叫月月。

2010年我带她的时候，是她高二的暑假。月月的妈妈告诉我："还有一年就要高考了，可月月说什么都不肯去上学，平时考试测验的总分最高才390分，基本的数学和英语成绩都特别差。她说她这样的成绩基本是没什么希望了，继续上学也没用。"

了解了情况之后，我就耐心地跟她讲："我有一个方法叫作'分段坐标学习法'，对提高成绩非常有效。距离高考还有一年的时间，你愿意跟我一起尝试一把吗？"

"什么意思？"

"还有一年的时间，我们把它分成几个时间段。就像马拉松，大家都觉得马拉松会很累，尤其是咱们亚洲人在跑步上是没有优势的，但是曾经就有一个日本人拿到了马拉松冠军，当时全世界都很不解，问他怎么做到的。那位日本冠军说，'在比赛前我就把整条线走了一遍，我把一些重要位置，重要的建筑物做了一个分段的坐标。我告诉自己，每到一个分段都是一个胜利。'这就是他成功的秘诀所在。所

第二课　永恒自信：父母交给孩子的最好礼物

以，你现在要放开手脚，先不要想高考，先不要想你能否考500分，600分，你要先去想第一个分段。例如，高二这个暑假你能不能达到420分，开学第一个阶段你能不能达到430分，这样循序渐进，你就会看到进步。"

听了我的分析之后，月月就找到了信心。按照我的方法，她的成绩真的开始稳步提升。

除了月月，还有一个叫王刚的初三男生的例子也很典型。起初，我带了他一个月，却一直不见起色，他自己和家长都很着急，尤其是他的母亲，总认为是自己的孩子不知道努力。其实这里面还涉及到一个家庭教育的问题。

很多孩子都不是一开始就不努力的，大多是努力后看不到成效，再加上父母的怀疑和批评，他们也就放弃了。作为家长，必须知道，孩子学习就像烧水一样，只有到了一定的时间点，一定的温度，水才会沸腾。所以，不要操之过急，不要一开始就怀疑孩子的态度和能力，这个时候孩子最需要的就是家长的支持和鼓励。

看到王刚一直没有起色，我问他："你这一个月没有起色，你知道该怎么办吗？"

"我不知道。"

"你应该继续努力，否则你前面的努力就全都白费了，如果有一壶水需要烧10分钟才能烧开，那么你现在已经烧了9分钟，还有1分钟就烧开了。但是如果你现在把火撤掉，那之前9分钟的努力不就白费了吗？"

我相信我的话对王刚起了作用。一个月后，他的数学成绩一下子从班里的三四十名跃进了前十名。他的妈妈还激动地打电话跟我分享她的喜悦，还说自己的孩子现在已经开始主动自觉地去学习了。

不难看出，我们持续不断的努力，最终会化成一种爆发力，其实这就是教育里的一个小方法。那就是，不要让孩子觉得这个事情很难实现，也不要对他的要求过高。尤其是在看不到孩子进步的时候千万不要责备他，以避免孩子产生畏难情绪。尤其对于一些成绩不是太好的孩子，他们本来就没有自信，更不要再给他们施加压力了。

在我的训练营中，我常常通过这种方式来激励我的学生找到自信：从现在开始，每个人快速地从自己身上找到5个优点。并从最棒的优点中，找出一个最让你自豪的告诉大家。而且要这样告诉大家："因为我会……所以，我很棒！"然后再说说你的优点给你带来了什么样的感受。

之后我还会告诉他们：从今天开始，每当你脆弱和不自信的时候，你都要告诉自己，"因为我努力了，所以我很棒！"

这个世界上，你最喜欢谁？不管以前你的答案是什么，从此时此刻开始，你的答案就是你自己。从此时此刻开始，你已经奔跑在了自己成功的道路上了，在这条路上，你首先要崇拜和喜欢的人就是你自己。

另外，你不仅要自己变得优秀，还要让周边的人同自己一起优秀。所以，在我的精英成长训练营中，每一个人都会在这里找到自己的优点，重新认识自己的优点，每个人都会开始真正喜欢自己。但是，仅仅达到这一点的话还不够。要想成为精英，还要做到一点："从现在开始，请你相信你所拥有的能力，并相信你有能力带领身边人一起发挥出自身的优势。"

在精英训练营，流传着一句很神奇的咒语，这个被我们称之为"自信大魔咒"的咒语曾经激励过无数的孩子，曾经让无数的孩子在挫折、失败之后仍然对自己坚信不疑，并能够勇敢地爬起来。

这句咒语是这样的："我很棒！我喜欢我自己！我相信我会带领大家和我一起成为精英！"

家长在教育孩子的时候，与其把你的学识和技巧强行灌输给孩子，不如教孩子把这句咒语刻在心中，让孩子拥有一份自主学习的自信心。

我的建议：父母应该怎样培养孩子的自信心

建议一：培养孩子自信心最重要的一点就是倾听

如果你的孩子能对你说很多很多，而你又能花时间认真倾听的话，孩子就会很高兴，他会认为父母很在乎他的观点和看法，有一种被重视的感觉，自信心也会增加。如果孩子想跟你说话，而你又正在忙的话，要尽量用和蔼的口气跟孩子解释，"现在不是最好的交谈时间，我们改一个时间，行吗？"然后和孩子约定好时间。而不应该是这样的："现在不行，你看妈妈正在忙呢！"这样只会挫伤孩子的积极性，让孩子变得不愿意和父母交流。同时孩子也会认为自己可有可无，从而自信心受到伤害。

如何倾听孩子说话呢？

方法一：做出听的姿势。

1．一定要与孩子平视，不可居高临下。

2．身体要稍稍向前倾，这是表示有兴趣的姿势。

3．不要制造"墙壁"。如用手捂着嘴巴，两手抱着胳膊，或翻看着书。这些举动对孩子来说，都是一种障碍。

4．用眼睛"听"。要睁大眼睛看着说话的孩子，很自然地用眼睛来表达你的兴趣和愉悦。

方法二：表现出听的兴趣。

讲话中最扫兴的是听到对方说："我早就知道了。"我们这样对孩子说话，就缺少尊重。孩子才说两句，大人就不耐烦了："知道了，早知道了。别烦我！""该干吗干吗去吧，谁有工夫听你神侃！"于是，孩子十分扫兴。我们当父母的关心孩子，不应只是关心他的冷暖、吃住，还要关心他感兴趣的事。对孩子关心的话题产生了兴趣，你同孩子谈话的兴趣便也具备了。

方法三：将你专注倾听的态度传达给孩子。送给孩子最好的赞美，是让孩子知道他所说的每一句话，你都认真听了。

1.使用表情变化来传达。比如：保持微笑，并常常做出吃惊的样子。孩子最爱吃惊，用大人的话是"大惊小怪"，他们希望看到大人对自己所说的事情表示出吃惊的表情。他们觉得，能把大人吓住，说明自己很有本事。

2.语言表达。在倾听孩子谈话的过程中，用简单的诸如"太好了！""真是这样吗？""我跟你想的一样。""你的想法太好了，请继续说！""我简直不敢相信！"等等话语来表示你的兴趣。也许你会发现，不论孩子的话题多么简单，如果你表现出有兴趣的姿态，那么兴趣也会自然而然地产生出来。如果你总是沉着脸，一言不发，一副漫不经心的样子，就会令孩子十分失望。慢慢地，他也会养成对什么事都不关心的毛病。那些在课堂上发呆、不爱发言的孩子，幼年时可能就缺少好的听众。孩子从小没有感受过自己语言的魅力，必定会对自己的语言表达能力失去应有的信心。

建议二：在日常生活中，适当地赞扬孩子

孩子都喜欢别人的夸赞，喜欢自己所做的事情得到别人的肯定。因此，当父母看到孩子非常好地完成某一件事情时，要积极地给予孩子表扬和鼓励，给孩子树立起"我很行，做得很好"的心理，让他信心百倍。

有家长跟我说过这样一个故事：

她的孩子欢欢刚刚两岁半，但独立的意识很强，经常要做自己想做的事。

有一天，欢欢想自己倒牛奶喝，她想帮助欢欢。欢欢却说："妈妈，让我自己来吧。"她想到应该让孩子独立做事了，就鼓励道："欢欢长大了，会想到自己做事，真能干！"于是，欢欢捧起牛奶盒，努力想把牛奶倒进杯子里。

沉重的盒子让欢欢的小手抖了一下，正好碰到了杯子，杯子虽没打翻，但是却有一部分牛奶洒在了桌子上。

她看到这里，并没有责骂孩子，反而称赞道："啊，欢欢真能干，竟然把牛奶倒进了杯子，现在，让我们把洒出来的牛奶用纸巾吸干净好吗？"

欢欢高兴地说："好！"于是母女二人认真地擦起桌子来。

在欢欢后来的成长过程中，这个家长也经常采用这种赞扬的方式鼓励孩子，在无形中增加女儿的自信心。

父母要舍得夸赞自己的孩子，好孩子都是夸出来的。就像欢欢一样，妈妈适当地称赞，会让她认为自己做得很好，提升了自信心，做事的积极性也就更高了。当然，父母的夸赞也要有个度，不能夸大其词，也不能无限量地乱夸赞，赞美多了，也会让孩子产生骄傲自满的情绪，会让孩子以为自己真的很了不起，目空一切，导致孩子向不良方向的发展。

建议三：花一些时间和孩子在一起

每一个孩子都希望自己的父母能够关注他，所以无论父母怎么忙，即使一天只能抽出10～15分钟的时间，也要用这些时间陪孩子一起玩耍、游戏，可能的话还可以称赞一下他最近取得的好成绩。父母的关心越多，陪伴孩子的时间越长，孩子的自信心也就越大。

有一个家长跟我说，他实在是太忙了，几乎抽不出一分钟时间给孩子。我就跟他说，只要你想，你就可以。我建议他准备一个特别的记事本，在每个星期天晚上，在上面记上下星期每天要办的事——上班、开会以及参加体育运动等。记完后，如果发现其中有一段时间有空，就在上面画个标志，表示那是留给孩子的时间。在记事本上标记出来，这就能保证有时间孩子共度美好的时光。

有了这个记事本一个月之后，这个家长非常高兴地给我打来了电话，他说自己现在感觉有充足的时间陪孩子，孩子因此非常高兴，而自己的工作也没有受到太大的影响。

这是一个普遍的社会现象：现在父母都忙于工作，以至于忽视了自己的孩子，连和孩子吃一顿饭的时间都没有。孩子的交际圈都比较小，除了学校就是家里。因此，父母应该在孩子学习之余多陪陪他们，关注一下他们的生活和内心。这样孩子就不会因为没人诉说而把想法都藏在心里，也不会产生抑郁情绪，导致没有自信。

同时，有父母的陪伴，孩子往往会有很安全的感觉，对身边的事情会产生更大的兴趣，表现会更加活跃，因为孩子一方面想在父母面前表现一下，让父母知道自己是优秀的，聪明的，希望得到父母的赞赏；另一方面孩子又想要让父母充当自己的指导员，希望父母能指出自己的一些不足，更好地保护自己、增强信心。

建议四：举行各种家庭活动，给孩子自我展示的机会

一个孩子，在他帮助大人时所表现出的那种自豪，那种实实在在的自信，是任何夸奖都难以替代的。

培养孩子自信的一个非常有效的方法是举行各种家庭活动，并让孩子在活动中承担某些特殊的任务。

这些活动可以是孩子们的小聚会，也可以是全家一起外出旅游。活动中可以让孩子自己准备食物，保管重要物品等。当孩子通过自己动手参与，并圆满完成任务时，他的内心会有很大的成就感，他会想"我也参与了劳动，活动成功也有我的功劳"。孩子不仅会感到喜悦，还能增强自信心。

第三课

梦想与目标：梦想就是摸得到的明天

第三堂课，我们要讲的是梦想。无论是孩子，还是大人，都需要有梦想。但是，再美好的梦想，实现不了也毫无意义。所以，在这堂课中，将会告诉你怎样教孩子把大目标分解成一个个让孩子"跳一跳就能够得到"的小目标，让孩子轻轻松松地实现一个个小目标。而每一个小目标的实现，都能让孩子体验到成功的快乐，并鼓舞他们向更大的目标迈进。

目标让中考失利的孩子考进剑桥大学

梦想是大海中不倒的风向标，是人生旅途中最好的伙伴。我们的生命，因为有了梦想而变得更加精彩。

然而，梦想正如那高山顶上盛开的雪莲，只有不惧艰险登上目标的天梯，才能摘得美好的花朵。梦想是一道铜墙铁壁，固若金汤。然而，筑起这道铜墙的是永恒的执着和一个又一个目标。

有这么一个人，小学三年级便被迫辍学，认识的汉字也不多，他每天往返于家和图书馆之间。在深夜，他勤奋的身影依然清晰。他日复一日地坚持写作，汗水与泪水铸就了他的成功，他笔下的贝克与舒塔给无数孩子的童年带来了快乐。他就是著名的童话大王郑渊洁。

他为了实现自己心中的作家梦，坚定不移地奋斗了13年。在这13年里，当所有人都对他表示不屑时，他没有退却，依然坚持着自己的目标与梦想。

郑渊洁的生命因为有了梦想而精彩，而他的梦想因为有了目标而得以实现。

家长们在教育孩子追逐梦想的时候，要更加注重培养孩子树立正

第三课 梦想与目标：梦想就是摸得到的明天

确目标的意识。梦想再华丽美好，也是遥远的。如果家长为孩子描绘了一个美好的未来，却不能帮助孩子把这种梦想化为前进的目标与动力，那梦想就是空想，就是吹弹可破的泡沫，就是海市蜃楼般的幻影，完全没有实现的可能。

在开办训练营的时候，我曾经问过孩子们："你们已经找到了自己的自信吗？你们选择和坚定了自己的目标了吗？在这个世界上，如果一个人能有一群志同道合的朋友，如果还能够选择下一个可以为之贡献一生的目标，再加上他已经找到的自信，他就可以像一个水手一样，能够选好、打造好一只船准备下海航行了。"

但是我更想让每一个孩子是在一种思考中、一种等待中面对自己的未来。如果在这个世界上，每一个人都可以成功，那么每一个人也都将是最最平凡的人。曾经有一个经济学家告诉我："你相信吗？在这个世界上，每一个人都可以成为百万富翁。"

听到这句话的那年，我19岁。当时我就想，"百万富翁"距离我好远、好远，我有一天可以成为这样的人吗？但那个大师继续说："就像每一个人能来到这个世界上一样，请问你有一百块钱很难吗？"

"不难。"

"这个世界上，每一个人都有一百块钱的话，他就注定可以成为一个百万富翁。"

"不可能。"

"你知道银行吗？把钱存在银行里，会有利息。我曾经计算过，如果一个人从他生下来，就在银行里存100块钱，他只要存够800年以上，他的100块加上利息就会超过100万。"

但是，谁可以活过800年？在这个世界上，有人活到80岁就成功了，更有人50岁就成功了，还有人40岁就成功了。当然，还有人20多岁就已经接近成功的世界，或者打开了成功之门。所以，这就注定了这个世界原本每一个人都可以成功，但是就像每一个人都不能活800年一样，由于每一个人的寿命不同，每一个人的命运不同，所以才有了成功者与平凡者。但是那些成功的人都有相同之处，而那些平凡的人他们也有相同之处。

每一个人都有成功的梦想，这是共同的。但是，有些人成功了，更多人还是平凡人。两者最大的差别，就是在于有没有一个目标！成功者有坚定的目标与为之努力的坚韧毅力。而平凡者或是没有目标，或是半途而废。

我曾经带过一个南昌的孩子叫张玉，她因为中考失利没有考上当地最好的高中，所以心情一直很郁闷，总觉得自己的人生没有希望了。她说她特别想考上清华、北大，但是照这情形，她几乎没可能了，因为在她们学校有将近10年没出过一个清华、北大的学生了。看来，这孩子之前的目标一直是考上清华、北大，但因为几分之差，她的梦想就变得遥不可及了。我实在不忍心看着这个孩子丧失目标，就决定帮她重新燃起希望的光芒。

当我问张玉她的强项的时候，她不答反问："王老师，你知道我爸爸是干什么的吗？"她爸爸是谁呢？是南昌一家非常有名的英语培训学校创办者，也是我的一个好朋友。她说虎父无犬女，既然自己的爸爸英语那么好，那她的强项当然也是英语。我听了立马说道："你为什么不想考一个国外的名牌大学？"我让她给我展示一下英语水平，结果出乎我的意料：一个初中刚毕业的女孩，随便见了一个老外，就能跟老外聊得很好。看来她的英语底子确实很好。我接着又问她能不能用英语学数学，或者用英语学物理、化学，她显得有些为难。

我了解到北京人大附中有一个国际部，这个国际部就招收这种英语非常好的学生，不光是口语好，最重要的国际部全是用英语来教数理化，最后不参加国内高考，而是参加国际高考，可以上国外的大学。当我把这一消息告诉张玉的时候，她立刻来了精神，发誓要好好学习，考进这所学校。就这样，我在张玉的心中播下了一颗梦想的种

第三课 梦想与目标：梦想就是摸得到的明天

子。这颗种子在她的心里生根发芽,激励着她不断前进。

过了一段时间,我让张玉来参加考试,成绩非常优秀。因为她英语相当出色,就从南昌三中直接考到了人大附中的LEVEL课程,最后被英国的圣玛丽亚中学录取了。圣玛丽亚中学60%的学生都能升到英国的剑桥大学,也就是说,在其他孩子还在读高二的时候,张玉已经拿到了剑桥的门票。

其实,目标并不难树立,梦想也并不难实现。只要把心中的梦想化为自己行动的目标,并在征服目标的路上不断前进,就有机会触摸梦想的蓝天。

生活就是不懈地奋斗、解决难题和实现梦想。当孩子在追逐梦想的路上遇到困难的时候,帮助他们解决困难的绝不是虚幻的实现梦想后的喜悦,而是眼前的目标的激励。所以家长在教育孩子的时候,不能总是试图拿遥远的奖励来诱惑他们,而要用眼前切实可行的目标来激励孩子进步。

用《哈利·波特》的榜样激励她走进布朗大学

现在很多孩子都喜欢看《哈利·波特》，男孩子喜欢哈利的勇敢，女孩子喜欢赫敏的机智。很多孩子就把他们当做自己学习的榜样，激励自己进步。我们训练营的一个女孩黄薇就是这样一个女孩子。

这个小孩比较听话，但是没有主见，不知道自己喜欢什么，对自己的生活完全没有方向，父母让干什么就干什么。后来她参加了我的训练营，我问她喜欢什么，她说不知道；问她上学爱上什么课，她也说不知道；问她考试为了什么，她说这是她爸爸妈妈要求的。

对这样一个完全没有目标的孩子，我一度不知道该怎么办。后来在无意中，我发现这个孩子特别喜欢看书，尤其是推理性小说，包括《柯南》、《哈利·波特》等。我问她最喜欢《哈利·波特》中的哪个角色，她说她最喜欢一个叫赫敏的女孩。我听了她的话，专门去网上查了关于这个小女主角的资料，然后用这个小榜样的行为来激励黄薇，慢慢梳理她的目标。后来她说她想去英国，想跟赫敏成为好朋友，成为同学，我一听这话，知道激励她的机会来了。

我们共同制定了一个计划，包括她怎么树立目标，怎么学习，怎么努力实现目标，怎么成为榜样的朋友。后来，黄薇专攻英语，在高二的时候自己去香港考了三次，没上高三就直接去了她的榜样赫敏所在的学校——布朗大学。

因此说，处于中小学年龄段的孩子，极易模仿模范和偶像人物。对于这种情况，父母应该为孩子提供鲜明的榜样，经常向孩子讲述模范人物的事迹，让孩子在模范人物的指引下，树立起他们的目标。当然，模范人物的选择应该要有感染性和可信性。

据专家研究发现，父母对孩子目标的形成起了直接的作用。很多孩子的目标是受了父母的影响，因此，父母要先树立自己的目标，并为之不懈努力，让自己成为孩子的榜样。

有什么样的目标，就有什么样的人生。家长在帮助孩子制定目标的时候，一定要对孩子的未来取向，对孩子心目中喜欢的世界有一个清晰的认识，在满足孩子兴趣的基础上制定出合理的远大的目标，从而有效地鞭策孩子进步。

我经常会在我的训练营中讲这么一个故事：

毛毛虫喜欢吃树叶，有这样五种毛毛虫：

第一种毛毛虫，一出生它的爸爸妈妈就把果实拿到了它的面前，跟它说："尽量多吃。"它就这样慢慢长大，也没有自己的想法，没有自己的目标。有一天，它长大了，爸爸妈妈跟它说："你长大了，你要自己找食物了，我们就不管你了。"然后就把它从家里赶了出去。而当它打开大门的时候发现，它对这个世界好陌生，它什么都不懂，什么都不会。当它突然看到自己的前面有一只毛毛虫时，它就跟着那只毛毛虫走了。但是，它没有想过，前面那只毛毛虫一定是去找吃的吗？所以，最后这只毛毛虫饿死了。

这样的毛毛虫既没有自己的目标，也没有自己的思想，把生存的希望全部寄托在别人的身上，最后只能一步步走向失败。

第二种毛毛虫，是这世界上最多的一种毛毛虫，它们看到前面的毛毛虫后，会问："哎，你干嘛去？"

"我找吃的去。"

于是，它们俩就结成了一个小组一起寻找食物。找了一会儿没找到，它们又看到另一只毛毛虫，接着问："你干嘛去？"

"我去找吃的。"

就这样，它们慢慢形成了一个寻找食物的群体。但最后，它们也饿死了。因为它们只是不断地去找，但它们没有分析过哪里可能有食物。

第三种毛毛虫，是最平凡、最一般的毛毛虫。这类毛毛虫集结在一起时，也许会在路上找到一两片树叶，或能让它们果腹的食物，这时候它们便很满足了，"酒足饭饱"以后就不再寻找，等到下次需要的时候再重新组队去寻找食物。

所以家长们，如果你孩子的身边有这样一群不是很上进的人，他们对成为优秀的人并不渴望，那么请让你的孩子远离他们，远离这样一个环境。

第四种毛毛虫，它们在吃妈妈递给的美食的时候，就会问："在哪儿可以采到这些果子？""这些果子在什么季节成熟？""从咱们家到那儿需多长时间？"

当它长大以后，它打开家门，按照家人所说的，向着自己心目中的那颗果子走去了。但最终，当它到达那颗果树的时候，却发现果子已经烂了。

一说目标，有的孩子会说："我的目标不是现在，而是长大以后。我希望我长大以后，爸妈可以给我一个公司，我一定能经营管理得很好，只要我有那样一个机会，我就能做得很棒。"他没想到，当他到了那个时候，也许那个果子已经腐烂了，或是早就被别人摘掉了。

最后一种毛毛虫跟别的毛毛虫都不一样。当它从家里出门的时候，它就记清了它的爸爸告诉它哪里有一片最棒的果林，那片果林里，哪一棵果树是最棒的，需要多长的时间才能结果子。所以，它做好了一切准备，这叫什么？目标设定。

然后，它准备了一架望远镜。但是它不是在看哪个果子最大，而是在找哪一颗果树上有最饱满的花骨朵。终于，它锁定了一个目标。

然后，它计算出到达所需的时间，做好所有准备之后就出发了。一路上，它经常用望远镜去关注花骨朵，当花朵变成了果林里最大的果子的时候，它刚好已经到达了树下。

这只毛毛虫寻找果子的途中并没有什么投机取巧的办法，但它掌握了一样东西——目标。它只是朝着自己的目标不断前进，最终却摘到了最大的果子。

目标对于孩子来说，就像撒在园中的种子，稍不留意，他的周围就会杂草丛生，影响种子的正常发展进程。如果家长期望孩子的潜能得到充分发挥，那么就请你帮孩子订下一个远大的目标，相信孩子在向它挑战的过程中，会发现无穷无尽的机会，会使他的人生攀上一个新台阶。

目标要成为孩子看得见的射击靶

家长们在帮助孩子树立目标的时候,并不是说目标越高远越好,也不是说目标越完美、伟大越好,不切实际的目标只会让孩子在实现它的过程中越来越没自信。目标要切实可行,要让孩子能够看得见,够得着,这样才能激发孩子的信心,努力去实现。

我曾经在书上看到过这样一个故事,对孩子树立可见的目标很有启发。在这里,分享给家长们——

罗成还很年轻时,就已经拥有了一个家具公司和一家砖厂。事业有成的他,在这个城市算是一个小有名气的人。

一天,有个年轻人慕名前来拜访他,求取成功的秘诀。罗成什么都没说,只是让他去自己所属的砖厂帮工人们搬砖头。傍晚的时候,那个青年疲惫不堪地回来了。

"你今天搬了多少块砖头?"罗成问他。

青年一脸茫然,显然他没有注意到这个数量的问题。

"你今天和两个工人一起搬了5车砖头,"罗成告诉那个青年,"明天你再来试试,看用相同的时间,能不能独自搬5车砖头。"

"可是",青年伸出磨出水泡的手,"我已经尽了全力了啊！"

"明天再来试试，我把我成功的秘诀告诉你。"罗成对他许诺。

第二天傍晚，那个青年又准时来到罗成的门前，比昨天更加疲惫。他用难以置信的目光看着罗成："今天我真的独自一人搬了5车砖头。"

"今天比昨天提高那么多，是什么原因呢？"罗成引导他。

青年想了一下，忽然眼睛一亮，豁然开朗。

"那是因为我有了目标。"

"不错，"罗成赞许地说，"我想你现在可能已经知道我要告诉你的秘诀是什么了，那就是做事前先设立一个目标。当我还是一个穷光蛋的时候，我就把成为一个万元户作为行动的目标。成了万元户，我又把十万、百万当做目标，是一个又一个目标让我有了今天的成就。"

由此可见，目标可以成为孩子努力的方向，也是对孩子的鞭策。它就像一个看得见的射击靶，孩子不断地努力实现目标，就像一次又一次地接近靶心，在这个过程中他会有成就感。而且制定和实现目标就像一场比赛，随着时间的推移，孩子实现了一个又一个目标，这时他的思想方式也会渐渐改变。

目标是一个人期望未来能达到的状态，目标是对一个人生活目的的说明和界定。我们每个人每天的生活都离不开目标，小到琐碎的日常生活，大到人生，都不能没有目标。我们的人生轨迹就是由一个又一个目标组成的。目标是人的精神支柱和动力源泉，它可以不断地激发人的生命活力，使其最终走向成功。

人若没有目标，就不会有生活的信心、向上的动力，就像没有灵魂的行尸走肉一样，一生都只能浑浑噩噩、碌碌无为。

你或许不止一次问过孩子这样的问题："你长大后想干什么？"

"成为科学家。"

"当一名医生。"

"当警察，抓坏人。"

"当宇航员。"

孩子响亮的"宣言"常常博来众人的欢笑，也赢得父母的夸奖。但笑声过后，有多少父母把孩子的宣言当真，又有多少父母尝试把这对话继续下去呢？

孩子一天天长大了，上小学了，很快又是中学生了，父母对孩子的不满却越来越多：

"孩子早晨不想起床，勉强起来后，也是迷迷糊糊的，不知道该干什么。一日之计在于晨啊，他怎么就不知道珍惜时间呢？"

"放学回到家，一块橡皮能玩上半天，作业常常写到半夜。"

"假期在家，说是在学习，往书桌前一坐，摆了一桌子书，不知道该看哪本，不知道先做什么。"

"孩子整天什么都不想，就知道玩，马上就要升初中了，我们急死了，但孩子一点不着急，跟没事人似的。"

父母不明白，为什么自己的孩子对学习不上心。但父母有没有想过，这可能是因为孩子心中缺少目标。

每个父母都希望孩子有一个成功的人生，有一个美好的前途，过上幸福的生活。那么什么是成功呢？可以说，成功就是实现既定的目标。所以，作为父母，在孩子面前帮助孩子树立这样一个看得见的射击靶，是刻不容缓的。

目标要让孩子跳一跳就能够得到

树立人生的目标，不能脱离实际地定得太高，当孩子完全看不到达成目标的希望时，他也不会有动力。只有制定可视化的目标，通过努力能够达到的目标，才能让孩子集中精力去实现，才能激励他奋斗。

科学家们找来了四只动物园里人工饲养的大猩猩，分别关在了四间玻璃房里。第一只大猩猩的房间中，香蕉被挂在了很高的地方；第二只大猩猩的房间中，香蕉挂得很低，触手可得；第三只大猩猩的房间中，香蕉有的挂得很高，有的中等，有的很低；第四只大猩猩的房间中，香蕉被画满了房间。经过七天，这四只大猩猩怎么样了呢？第一只，奄奄一息；第二只被撑死了；第三只可以独立生存了；第四只得了空想症。

第一个房间的目标怎样？太高。目标太高只会让人不能到达，勉强地活着。如果一位家长经常给他的孩子定一个很高的目标，孩子达不到，结果会怎样？只会是你定你的，我活我的。目标太高，就会导致孩子对自己的失望，放弃目标不说，还会失去对自己的信心。

然而目标太低是这个世界上最可怕、可悲、可怜的事。如果目标太低了，他还会有动力吗？没有。结果就会像第二个房间的大猩猩一样，在太低的目标中"撑死"。

第三个房间里，他的目标是最合理的。有低、有中、有高，这样的目标可促使人不断前进，一步步完成自己的目标，达到自己的理想。

很多孩子都有目标，但没有实现的原因是什么呢？他们以前有没有把目标写下来呢？有。那在他们写的过程中，有哪些关键点呢？在我看来，要想让一个目标最终实现，需要几个细节：第一，要把明确的目标写下来；第二，写下这个目标承诺的时间和目标实现的时间，目标实现的时间非常重要，离这个期限越近，孩子的动力就会越大；第三，上面一定要出现孩子的名字，告诉他，这是他的目标，不是别人的。第四，要经常地大声地喊出目标！

当目标清晰地摆在孩子面前的时候，它就像一个推动器，推动着孩子每一天都毫不懈怠地为这个目标而努力。

父母在帮助孩子订立目标的时候，一定要制定切实可行的目标。太高的目标，不切实际，等于没有目标；太低的目标，唾手可得，容易满足，没有前进的动力。只有让孩子看得到的，踮起脚尖努力能摸得到的目标，才能促进孩子在成长的路上一点点地进步。

第三课 梦想与目标：梦想就是摸得到的明天

分解目标，让孩子在放松中达成目标

在我的训练营，曾有过这样一个孩子。

当我问她有没有考过学校的前三名时，她很惭愧地摇了摇头。当我继续问她为什么没有别人优秀的时候，她详细地告诉了我她的强项和弱项。她当时读高二，我问了她中考失败的原因，她谈到了很重要的一点。

"物理是我的强项，但是中考考物理的时候我紧张的心"咚咚"地跳。我当时举了手，想在走廊里溜达一下，我在走廊里溜达心情就没有那么紧张了。但是，等我刚要往回走，我的心脏又跳得特别厉害。"

显然，她是太在意她的物理成绩了。人总是这样，越是在意一件事，在做这件事的时候就越容易紧张，也就越容易出差错。之后，我问了她的梦想，她说是要考上清华、北大这样的名牌大学。终于，我找到了她的症结所在。

"我教你一个考试不紧张的小办法。考试的时候别总想着清华、北大，也别想学校前三名，你要学会把你的目标分解一下。如果说，把你的目标从现在看来遥不可及的清华、北大，换成下次考试进入学校前30名。当你达到这个目标后，再把下一个目标定成前20名。这样把大目标分解成一个个的小目标，你就会觉得轻松很多了。"

"人生命的意义不在于是考进了北大，还是考进了清华，而在于为了清华、北大拼搏过，那就够了。"

很多时候，我们是在向着太阳努力，但是最后即使我们没有得到太阳，我们也可能得到月亮，如果连月亮也没有得到，至少能够得到星星。但是，如果我们连为星星努力的目标都没有的话，那就只能是宇宙中的一粒尘埃了。

确实，要达到最终目标，就要把大目标分解为多个易于达到的小目标，脚踏实地地向前迈进。每前进一步，达到一个小目标，就会体验到"成功的喜悦"，这种"感觉"将推动我们充分调动自己的潜能去达到下一个目标。这样一步步前进，就会进入一个良性的发展循环！

训练营还有一个叫小刚的孩子，他今年上小学四年级，学习成绩一直处于班级第十至第十五名的位置，仿佛再也提高不了了，为此他觉得非常烦恼，就问爸爸："是不是我太笨了？只能考这么多啊？"

通过一段时间的观察，小刚的爸爸发现，问题不是出在儿子的智力方面，真正的原因是：小刚是个不善于设立目标的孩子。这样下去，可不是一件好事。

于是，小刚的爸爸就想了一个办法来帮助小刚为自己设立目标。他和小刚约定进行一场马拉松比赛。结果，小刚没跑一会儿就累得撑不下去了，一个劲儿嚷着"我不跑了"。爸爸连忙鼓励他，让他坚持下去。可坚持没多久，小刚还是选择了放弃。爸爸也停下来，走到小刚身边，他并没有批评小刚没有毅力，而是说："我来给你讲个故事吧。"

1984年，在东京国际马拉松邀请赛中，当时没什么名气的日本选手山田本一出人意料地夺得了世界冠军。当记者问他为什么可以取得如此惊人的成绩时，他说了这么一句话：'凭智慧战胜对手。'当时许多人都认为这个偶然跑到前面的矮个子选手是在故弄玄虚。马拉松赛是体力和耐力的运动，只要身体素质好又有耐性，就有望夺冠，爆发力和速度都还在其次，说用智慧取胜确实有点勉强。

第三课 梦想与目标：梦想就是摸得到的明天

"两年后,意大利国际马拉松邀请赛在意大利北部城市米兰举行,山田本一代表日本参加比赛。这一次他又获得了世界冠军。记者又请他谈经验。山田本一回答的仍是上次那句话:'用智慧战胜对手。'这回记者在报纸上没再挖苦他,但对他所谓的智慧仍是迷惑不解。

"10年后,这个谜终于被解开了。山田本一在他的自传中是这么说的:'每次比赛之前,我都要乘车把比赛的线路仔细地看一遍,并把沿途比较醒目的标志画下来,比如第一个标志是银行,第二个标志是一棵大树,第三个标志是一座红房子……这样一直画到赛程的终点。比赛开始后,我就以百米冲刺的速度奋力地向第一个目标冲去,等到达第一个目标后,我又以同样的速度向第二个目标冲去。40多公里的赛程,就在我这么几个小目标的激励下轻松地跑完了。起初,我并不懂这样的道理,我把我的目标定在40多公里处的终点线上,结果我跑到10多公里时就疲惫不堪了,我被前面那段遥远的路程给吓倒了。'"

讲完了故事,爸爸对小刚说:"你没有坚持下来,最大的问题不是你体力不行,而是你没有目标。这就像你的学习,你要想完成出类拔萃的大目标,就要先给自己制定每一个学期、每一个月、每一周,甚至每一节课的小目标,等这些小目标一个个都完成了,你就能跑到别人的前面。如果没有这些看得见的小目标,你就可能会被前面遥远的路程吓倒。"

小刚用了爸爸教他的方法后,学习很快就有了突破。

在人生的道路上,每一个人最初都有远大的目标,可是,最终实现的人又有多少?半途而废丧失信心的人又有多少?很多人做事之所以会半途而废,往往不是因为难度较大,而是觉得距成功太遥远,看不到希望。他们不是因失败而放弃,而是因心中无明确而具体的目标乃至倦怠而失败。

家长在教育孩子时也是一样，太高的目标会干扰孩子正确得看问题，太多的心理负担会使孩子的脚步不那么轻松。所以说，把大目标分解成一个个小目标，经常检查自己实现目标的状况，经常休验实现目标的快乐，用这样的方法，即使是遥远的马拉松，也可以跑得很轻松。

第三课　梦想与目标：梦想就是摸得到的明天

没有时间作担保,孩子的目标就是空的

在训练营中,我经常和孩子们、家长们讲这样一个故事:

有一个年轻人,这个年轻人非常非常的聪明,但是,他却从不懂得珍惜时间。每天在家里浪费时间,在学校也是浪费时间,他浪费来,浪费去,终于在他高考的时候,时间惩罚了他——高考落榜了。这时,他感到很郁闷,因为他突然发现,他的妈妈得了重病,住进了医院,而且病情也已经发展到了晚期,无药可救了。他决定去找工作,但让他痛苦的是,因为没有考上大学,找了很多的工作都处处碰壁。不久妈妈也离开了他,考不上大学、找不到工作的年轻人内心非常痛苦、失落。

他在想,我是一个没用的人,我是一个倒霉的人,一个没有出息的人,一个失败的人。于是,他想到了死亡。有一天,他一觉醒来,穿上一身最干净、漂亮的衣服,然后他来到海边,看着茫茫的大海,心想,海这么辽阔,却没有我的容身之处,海这么波涛汹涌,我的生命却如此失败,如此没有意义,我还是结束我的生命吧!他一步一步地向海的深处走去,却突然发现,在离他不远的地方,有一个老人背对大海,面向陆地,倒着向大海里走着。他很好奇,那个白发苍

苍的老人，也让他觉得非常熟悉。

当年轻人走到老人身边，他震惊了，原来这个老人是当地非常有名的大富豪。年轻人走上前去问道："您在这儿干什么？"老人说："我失去了一样东西，我很苦恼。"年轻人不明白："你是这里的大富翁，这么有钱，生活这么幸福，你还有得不到的东西吗？"老人笑笑说："是啊，那件东西对我来说非常宝贵。小伙子，如果你认为自己很失败，那你愿不愿意和我换一换？"年轻人说："怎么换？"老人说："很简单，当你同意交换的时候，你就变成了我，而我就变成了你。"年轻人激动地说："真的吗？你所有的钱，所有的财富也都是我的了吗？"老人说："记住，当你同意交换的时候，我的一切，我的全部都将变成你的。"（朋友们，如果是你，你换不换？）

年轻人兴奋地说："换吧！我同意交换！"这时，一道白光突然闪过，他变成了一个老人，那个老人变成了他。当年轻人变成老人的时候，他突然意识到，他有那么多的钱，却唯独少了生存的时间。他的生命即将走到尽头，但他还有很多目标没来得及实现，而他已经无力挽回了。

当老人变成了年轻人以后，转身走向了陆地，大声地喊道："只要我有时间，我就拥有了一切。只要我有时间，我就可以实现更多的目标了！"

如果你拥有时间，你就能拥有一切。但为什么不是每个人都拥有他想要的一切？因为有太多的人在浪费时间。

一切目标，如果没有时间作保证，就都是空的。在盖房子的时候，都必须要有一个工程期限，否则就会成为"胡子"工程。同样道理，订立目标的时候，也必须要有一个明确的时间期限。

在有限的时间内完成更多的目标，才能在有限的人生中做更多有

第三课 梦想与目标：梦想就是摸得到的明天

意义的事情。

我们每个人拥有的时间都是一样的,既不会比别人多,也不会比别人少,问题不是我们有多少时间可以用来做事情,而是我们应该如何合理利用这些时间。我们时常感叹,善于有效利用财富的人很少,但是更让人惋惜的是,懂得如何合理利用时间的人更少。其实,善于合理利用时间要比善于利用财富更重要。

时间是一种触不到摸不着的东西,如果我们不时时提醒自己,它消逝得会更快。实际上,在日常生活中,这样的情形非常多。很多人常会坐在椅子上,伸着懒腰,心里则在想着"该开始做什么好呢?时间这么少,做什么都不够……"结果只能是让时间白白地耗费掉了。这样的人一生将一事无成,他无论是求学还是工作都不会有什么大的成就。

孩子由于年龄比较小,大多都还没有时间观念。就像我们下面要说的这个孩子。

李良读小学了,做任何事都特别爱磨蹭。早上起床起半天,有时穿一件衣服都要磨蹭五六分钟;刷牙挤个牙膏也半天,好像在玩牙膏;吃早饭要用1个小时,东张西望,吃吃停停。学校考试,他的试卷总有好几道题都来不及做,考试成绩自然一塌糊涂。后来,李良的妈妈想了个办法。

这一天,当李良还有10分钟就要去上学的时候,妈妈才喊他该吃早饭了,然后妈妈就站在一边时刻提醒他还有几分钟。这样一来李良有了紧张感,快速地收拾好去上学,但还是迟到了。于是妈妈给班主任打了个电话,说明了具体情况,请老师协助一下。

李良到学校以后被老师批评了。从那以后,他每次吃早饭都很抓紧。因为他担心如果再晚了,到学校以后班主任又会批评他。妈妈想,吃饭慢的问题是解决了,但其他的问题仍然存在，该怎么办呢？

　　小孩子的时间观念一般都不强，做起事来常常是边做边玩，对于约定好的作息时间有时会耍赖、不遵守。对于孩子来说这些都是正常的表现，但是作为父母不能任其发展下去，要花大力气去纠正。

　　时间就像流水一样，往往在我们不经意间就匆匆溜走，珍惜时间就是珍惜我们的生命。合理地安排时间，做好时间规划，这不仅是实现目标的进度表，更是实现梦想的进度表。没有时间限定的目标，就等于没有目标。孩子时间观念的培养更应该从小做起，从孩子开始上幼儿园的时候就应该灌输和强化这一观念，因为这对孩子的成长是十分重要的。

第三课　梦想与目标：梦想就是摸得到的明天

我的建议：父母应该怎样帮助孩子实现梦想与目标

建议一：引导孩子选择适合自己的目标

孩子制定的人生目标可能会影响他们的一生。每个孩子都有自己的优势，也有其劣势。

比如，有的孩子能言善辩，文章也写得好，是学校活动中的活跃分子和组织者。这样的孩子，从政、当律师或投资创业等可能是一块好材料，但从事基础科学的研究工作，就不一定是一个很好的选择。因为，对于表现欲极强的人来说，从事基础科学研究，无异于是枯燥沉闷的"软禁"。又比如，一些孩子性格比较内向，比较孤僻，不喜且不善与他人交往。但是，这样的孩子可能对一些自己感兴趣的领域进行探索和研究时会非常投入、非常专注，像这样的孩子都具有坚忍不拔、持之以恒的信念，比较适合从事研究方面的工作，并且大多数能在某一研究领域中弄出一点名堂来。倘若这样的孩子大学毕业后，父母将其推上公务员的岗位，并期盼他干出一个像模像样的"领导"来，恐怕障碍也会不少。

有的父母，总爱把自己的理想强加在孩子身上，却对孩子自己的"梦想"不屑一顾。其实，这些童年的"梦想"正是孩子成功的第一块基石，无论他想干什么，只要不断努力就能取得成功。所以父母要学会尊重孩子的理想和追求，帮助他们选择适合自己的目标，并给他们适当的鼓励。

建议二：帮助孩子确立专一的目标

告诉孩子，在确立目标之前，一定要进行深入的思考，要权衡利弊，考虑影响目标成功的各种因素，在众多可供选择的目标中确定一个切实可行的目标。而且目标一旦确定，就不要随意更改。

我在讲课的时候，曾经讲过这样一个故事：

> "高空表演王子"阿迪力在杭州桐庐山水旅游节上，在富春江江面上表演走钢丝。钢丝绳横贯在1000多米的江面上，江风很大，钢丝绳一直在摇晃。但阿迪力还是起步走了，很慢。
>
> 突然，江面中的两只游艇突然撞了一下用于固定钢丝绳的拉线，钢丝绳剧烈地摆动起来。数万观众都屏住了呼吸。阿迪力停住了动作，站在钢丝绳上一动不动。他的身子十分挺拔，头纹丝不动，眼睛望着对岸。
>
> 三四分钟后，钢丝绳减缓了晃动。他又起步了，观众中爆发出阵阵掌声。
>
> 阿迪力对媒体说，如果把这样高难度的技艺浓缩为一句话，那么这句话应该是："看目标，别看脚下。"

"看目标，别看脚下"一句话点明了确立目标的重要性。目标确立了，还要始终坚持如一，不能中途随意更改。只要有明确的目标，并坚持不懈地为之奋斗，最后终会取得成功。

建议三：目标必须要切合实际

父母要教育孩子确定切合实际的目标，所谓切合实际，即指具有达成目标的可能。

许多孩子的目标很远大，如许多学生公开宣告自己的目标："我要当伟大的科学家"、"我要成为世界级的歌手"等，但当你问他如何让自己实现这样的目标时，往往默然，最多说"努力学习"等。如果目标不切合实际，甚至与自己的自身条件相差甚远，那就不可能达到了。

建议四：父母对孩子的要求要适时提升

父母的要求有时候对孩子起到一定的督促、鼓励的作用。所以，当孩子取得成绩的时候，父母不但要夸奖他，还要适时地提出更高一点的目标，一方面可以帮孩子设定合理的目标，另一方面也可以对孩子起到一个鼓励的作用。

我们训练营有一个孩子叫王东，是一名初二的学生，学习成绩很不错。

一天，学校刚刚模拟考试完，她的数学考了100分。她回到家，兴高采烈地把自己的成绩单拿给妈妈看，等着妈妈的表扬。

谁知妈妈看后却说："数学虽然考了100分，也不能算学得好，其他各科的成绩也不能落下。要在学习上下苦功夫，花狠力气，有所见，有所创，努力超出老师所教的水平。"

在妈妈的高要求下，王东更加努力地学习，终于把其他各科的成绩也都提高上去了。

还有一次，王东所有科目的考试成绩都非常出色，当她把自己的成绩单拿给妈妈看的时候，妈妈却问道："你身体锻炼得怎样？"王东说："就是跳绳不行，没有通过体育测试。"妈妈微笑着说："就一项通不过也不好。'三好'才算好。"在妈妈的要求和鼓励下，她加紧锻炼，不久就通过了体育测试。

孩子总是比较容易满足于当前的成绩，这时候，父母应该适时提升对他们的要求，让孩子永远有前进的方向和目标。

建议五：用远大理想激励孩子勤奋努力

如果孩子树立了远大的志向，他就能够用这个志向去激励自己勤奋，从而实现自己的志向。在这方面，华人首富李嘉诚的父亲李云经做得就非常好。

> 有一次，李云经带着儿子李嘉诚到了汕头的海边。李嘉诚指着大船对父亲说："爸爸，我将来也要做大船的船长！"父亲高兴地对儿子说："好孩子，真有志向！但是，做一个船长非常不容易，他必须考虑很多问题，思考必须很全面。"
>
> 因此，李嘉诚从小就树立了做船长的目标，并向着这个目标不断努力。虽然他最终没有做成船长，但是，他一直以船长的意识去经营他的公司和人生。他喜欢把自己的人生比做一条船，喜欢把自己的李氏王国比作一条船。他曾经自豪地说："我就是船长，我就是这条航行在波峰浪谷中的船的船长。"

在现实生活中，每一个父母要及时发现孩子的志向，帮助孩子明确自己的志向，然后指导孩子树立志向，并向着志向不断努力。

建议六：帮助孩子树立"勤奋出天才"的观念，引导孩子向目标努力

天才、神童都是勤奋造就的，父母可以用下面的这个小故事，向孩子传授这样一个理念。

> 牛顿童年时的英国是一个等级制度森严的国家，学校里

别以为你会教孩子

学习好的学生，可以歧视学习差的学生。有一次课间游戏，大家正玩得兴高采烈的时候，一个学习好的学生借故踢了牛顿一脚，并骂他"笨蛋"。这个行为使牛顿的心灵受到了刺激，他愤怒极了。从此，牛顿下定决心，发愤读书。他早起晚睡，抓紧分秒，勤学勤思。经过刻苦钻研和不懈的努力，牛顿的学习成绩不断提高，不久就超过了曾欺侮过他的那个同学，名列前茅。

后来，由于家庭的影响，牛顿一度辍学去学习经商。每天一早，他都要跟一个老仆人到十几里外的大镇子去做买卖。但牛顿非常不喜欢经商，他把一切事务都托付给老仆人经办，自己却偷偷跑到一个篱笆下读书。

一天，他正在篱笆下兴致勃勃地读书，恰巧被路过的舅舅看见。舅舅看到他手里的数学书，上面画满了种种记号，心里很感动。舅舅一把抱住牛顿，激动地说："孩子，就按你的志向发展吧，你的正道应该是读书。"

在舅舅的帮助下，牛顿如愿以偿地复学了，再度叩响学校的大门，成为一个品学兼优的好学生，为他以后的科研工作打下了坚实的基础。人们都认为牛顿生来就是个天才，殊不知，这个"天才"是靠勤奋成就的。

作为父母，应该告诉你的孩子，不要把自己当做一个天才，不要以为"一切都会顺理成章地得到"。郑重地告诉他，应该尽快放弃这种错觉，一定要意识到只有勤奋才能获得自己希望得到的东西，只有勤奋努力才能实现自己的目标与梦想。

第四课

坚持的奇迹：孩子只须"每天进步一点点"

梦想的成功，离不开坚持。在第四堂课中，我们将会讲坚持的力量。任何成功都是一点点的小成功积累起来。父母同样不能奢望自己的孩子一下子就成功，应该把眼光放得更长远一点儿，不断地鼓励孩子，培养孩子的毅力，告诉孩子，只要坚持，就一定会有成功的一天。

孩子的毅力最初来自于父母

在我的训练营里有一个坚持课,这也是我从事家庭教育的一个思想,我认为现在的很多孩子缺少坚持性,这跟家长缺少坚持性有很大的关系。拿郎朗来说,郎朗4岁的时候在父母的鼓励下开始学弹琴,他能一直坚持到现在,这与他的父母能够长期地坚持要求与鼓励有很大的关系。

在培养孩子兴趣的时候,父母在最初总会表现出很大的热情,对孩子严格要求。但是,等学了两三年之后,家长觉得孩子还要学习各方面的知识,于是就放弃了。还有的父母是因为这个培养的过程太漫长了,所以也放弃了。因此我认为,培养孩子的过程,其实比的就是一个词——毅力。

父母是孩子在这个世界上最亲近的人,也是孩子生活中接触得最密切的人。因此,父母的一举一动、习惯品行,都会给孩子带来很大的影响。父母的意志力坚定,对孩子做事的要求始终如一,他们的孩子很多时候也能有坚强的毅力。反之,父母做事虎头蛇尾,孩子也很难有坚持的品格。大多数情况下,孩子的毅力,都是来源于父母坚持不懈的要求。

我有一个学生叫叶伟,他是我早期在北京最高训练营的一个学生。

第四课 坚持的奇迹:孩子只须「每天进步一点点」

最初见他的时候,他还是中关村一小的学生,上四年级。他特别多动,上课爱捣乱。一个班五六十个孩子,老师总批评他。我通过仔细了解才知道,由于孩子的父亲长期在外经商,都是姥姥、姥爷、妈妈这一群人带,所以孩子被娇惯得很厉害。

开始我和叶伟慢慢聊天,慢慢沟通。我发现这个孩子不仅大方勇敢,而且很有思想,很有主见,说话条理、思路都非常的清晰。时间没有多久,我们就成为了无话不说的好朋友。叶伟问我:"王老师,我三年级以前,基本都很快乐,也算得上优秀,妈妈基本上也给了我充分的自由。她曾经说过,不让我像那些可怜的孩子一样,被那些枯燥的课外班压得喘不过来气。可是,自从上了四年级后,又是奥数,又是英语,还有作文,越来越多的补课班,越来越少的玩耍,我越来越觉得上学没意思,我就开始捣乱,淘气,不听话。王老师,你说妈妈怎么能说话不算数呢?她对我的承诺都不能坚持到底,为什么还叫我要坚持呢?"我听着孩子这些虽然有些天真幼稚,但是发自内心而且令人深省的话语,不禁心疼眼前这个可爱的孩子。

"叶伟,那你告诉王老师,你喜欢什么呢?要你做什么事你能够坚持不懈呢?""王老师,我特别喜欢足球,每天都想在足球场上狂奔,射门的那种感觉实在太棒了!妙传,助攻也会让我特别兴奋,很有成就感的。如果让我去踢球,我肯定能一直坚持下去!"看着他眉飞色舞,手舞足蹈的样子,我找到了改变孩子的方法。

在我对叶伟和他的家庭有了更多的了解后,我大胆地向叶伟的爸爸妈妈提出了一个建议——出国。初中阶段就出国,目标英格兰,那个让球迷们魂牵梦绕的国家。从目标定下的那一刻起,我们就围绕这个目标开始培养和训练孩子的生活能力、语言能力以及动手能力。

当时我对叶伟进行了一个背英语单词的试验,他表现得相当出色。于是我决定用坚持背单词的方法来锻炼他的毅力。我和叶伟约定,他每天背5个单词,并且要坚持天天给我打电话向我汇报。他很爽快地答应了。

就这样,我用这个简单的方法,陪了这个孩子一年。一年之后的结果,让他的父母都大吃一惊。一天5个单词,一年365天,将近2000个单词,他全背过了。再加上他本就大方勇敢的个性,经常去和大街上、商场里的外国人交流,基本的日常生活用语已经完全没有问题了。

最后,刚上小学六年级的叶伟成功地出国学习了。当然,出国并不是我们想要的最好的结果,但是,在这个过程中锻炼了孩子坚持不懈的毅力和独立自主的能力。

在一年的时间里,我明白了,作为家长也好,作为老师也好,如果想让孩子真正能有所成长的话,首先考虑的就是我们自己的毅力。一旦我们有了毅力与坚持下去的勇气,孩子就会拥有超越我们的毅力。

陪孩子运动，培养坚持精神

许多家长跟我说现在的孩子有多动症，没有一点耐心和坚持的精神。在这个问题上，有这样一个磨炼和培养孩子毅力的方案：父母每天晚上或者早晨早起10分钟，陪孩子去跑步，慢慢地、匀速地跑10分钟。

这样做有什么好处？

孩子的身体会越来越好，这是一个方面。其次，孩子会在多动方面有很大的好转。为什么？因为精力释放出去，体能消耗了，人就没有那么多过剩的精力了。再次，如果能坚持跑3个月，跑半年，跑一年，孩子就会有毅力。

但是有多少家长能做到？

很多家长跟我说："孩子都上初中、上高中了，哪有时间干这件事儿？"

错了！越是上初中、高中，越应该坚持跑步。

为什么？高中三年就是一种体力的比拼，父母和孩子同时锻炼，身体越好精力才越充沛。并不是说孩子每天晚上坐在书桌前学三四个小时才是对的。而且，如果一个孩子不管刮风下雨都能坚持跑步的话，那么这个孩子将会有多大的毅力！

说起跑步，不得不提我曾经教过的一个孩子。当时那个孩子是一个大胖子，上初二时就达到了160斤。在给他补习数学和物理的同时，我还想着帮他减减肥。因为中考有体育考试，以他的体重没办法赢得体育加分。

后来，我每个礼拜都要见他三四次，陪着他去跑步。功夫不负有心人，一年零两个月之后，这孩子减了十几斤，中考体育也拿了满分。更重要的是，一年之后，这个孩子的身体越来越健康，人变得更加自信了，做起事来也越来越有耐性，有了持之以恒的坚持精神。

在我的教学理念里，第一个坚持就是要让孩子们坚持体育锻炼。我认为，坚持运动在素质教育里非常重要。

国外的哈佛、剑桥这类学校选学生的时候，不是看孩子们的文化成绩多么的优秀，也不是看他们是不是网球或者篮球高手，而是要看他们有没有一个体育运动方面的爱好。包括美国历届总统，有爱打高尔夫的，有爱踢足球的，有爱打篮球的……

我为什么要强调孩子们坚持做运动呢？我曾经在我的讲座中多次讲到这个问题，运动有八大好处。

第一个好处，运动可以锻炼身体。不管工作也好，学习也好，一定是以健康的身体为基础的。人只有有一个好的身体，才能更好地工作、生活、学习。

第二个，经常运动的人精神比较好，精力比较旺盛。

第三个好处，就是越运动越渴望胜利，也越积极，越努力。因为打乒乓球你不想输吧，打篮球你不想输吧，踢足球你不想输吧，所以越运动越有争强好胜的心态，越运动越能让人充满斗志。

第四个，一个人越运动越能吃苦，越能付出，越能流汗。因为每一项运动都需要流汗。

第五个，人越运动，大脑越平衡，越和谐。很多家长可能都听说过，有些小孩感统失调，左右脑不平衡，家长花费几千上万元给孩子治疗，却不见得有效。要我说，根本就不需要，只要家长拿出时间跟孩子一起运动，大脑一定会发展得很协调。

第六个，在整个运动的过程里边，尤其是团队性的运动能培养一个孩子的团队精神。在合作和配合的过程中，我们还可以锻炼孩子团结协作的精神。比如说踢足球，打篮球，孩子可以自己进球，也可以把球传给别人，让别人进球，但他照样会觉得快乐，这还可以很好地解决独生子女自私孤僻的问题。

第七个，当运动到一个层面的时候，还能培养孩子理智面对输赢的心理。因为只要是运动，就有输有赢，运动可以让孩子理智面对输赢，面对失败。

第八个，每个孩子在成长过程中都难免会产生情感垃圾、情绪垃圾，当孩子产生了不良的情绪时，运动还可以像一个垃圾销毁站一样，帮助孩子轻松地释放出负面的情绪，产生积极的状态。

其实，运动还有一个容易被人忽视的好处，就是可以修身养性。有些人爱写字，有些人爱画画，有些人爱弹琴，有些人爱唱歌跳舞，这些都是修身养性的方法，当然运动也是一个修身养性陶冶情操的过程。

在我的训练营中，我不仅给孩子们讲课，还和他们一起去打球，去运动……有好多大男孩，我和他们打一场篮球下来，就变成朋友了。当我不再是他们眼中的严师，而是成为他们的朋友的时候，我再去引导他们，就比以前有效多了，这也是运动带来的特别的好处。

之前有一个男孩，个子非常高，上初二时就长到了一米八几，可他就是不爱运动。我问他为什么不喜欢运动，他告诉我说，是因为有次班里举行篮球比赛，老师看他个子高就让他上场打球，但是他从没学过打篮球，一上场就闹出了好多笑话，从那以后他就不爱运动了。

后来我针对他的情况，跟他说，只要你能坚持跟我运动，我可以保证你考个好高中。他开始还对我半信半疑，后来我陪他去测骨龄，一测说他能长到一米九几，他一下来了自信，就开始跟我训练。我帮他报了班，找了教练，坚持练了一年半，他被体育队发现，考上北京师大附中后还参加了学校的篮球队。

运动，的确是培养孩子良好品格的有效途径。在运动中，不仅可以锻炼孩子们的身体，还可以培养他们坚持的精神，使他们在学习生活中每天都进步一点点。

天分来自于日复一日的坚持

运动，是我的第一个坚持理念。我的第二个坚持理念是：在培养孩子的过程中，一定要培养一个特长，至少要让孩子有一个兴趣，并能够坚持下来。

在我的观念中有一个多元智能理论，这个理论分为不同的八种智能，有运动型、内省型、艺术型、空间型、动手型、思考型、逻辑型、沟通交流型等。

这个八元智能理论，并不是说某一个人他只具备一个，或者说一个人同时具备这八种。有的人可能是思考能力比较强，也有的人可能既有空间想象能力，同时逻辑性也比较强。我个人的观点是：任何人的一种技能，在我看来都叫天赋。而这种天赋能不能让你获得成功，则是取决于日复一日的坚持力。

一个小女孩中考结束以后来参加我的训练营，可我发现每次给她上课的时候，她都是心不在焉，满腹心事的样子。后来我找她谈话，发现她身材很好，人也很有气质，就猜想她以前一定学过舞蹈。通过交谈，果不其然，这个女孩练了4年的舞蹈。当我谈到她为什么总是心事重重时，她说出了她的真实想法。

原来，这个孩子非常喜欢跳舞，初中三年，虽然学习有时也会紧张，但她从不肯放弃，一直坚持跳舞。但是，当她考上一个不错的高中以后，她的父母便以耽误学习为由，不允许她再跳舞了。这让她很是苦恼。

她告诉我，她学了这么多年跳舞，觉得自己与舞蹈非常有缘。老师跳一个动作，她看一眼就会。在电视上看到别人跳舞，她自己琢磨一会儿就能学会。而且当她站在舞台上跳舞的时候，觉得特别有成就感，有荣誉感。她说她想考舞蹈学院，将来做一个舞蹈演员，一个舞蹈家。

了解了她的情况，我和她说起了学舞蹈的辛苦——"考舞蹈学院不是会跳舞就能上的，还要有比较优异的成绩，和特别出色的舞蹈水平。这种成功可能比考名牌大学更难。你要走这条路的话，可不容易。你听过什么叫北漂吗？很多人天天在北京电影学院，北京各大影视拍摄基地门口蹲着。这些人不是学表演的就是学跳舞、唱歌的，他们都多才多艺却没有机会。"

很多家长跟我抱怨说，培养孩子的兴趣太难了，很少有人能坚持下去。其实，这并不完全是孩子的原因，很多时候是因为父母造成的。有的家长是连哄带骗地培养孩子的兴趣，让孩子认为这是一件非常轻松的事情，但是当孩子遇到困难的时候，孩子会觉得与自己想的差别太大，于是干脆放弃了。家长在教育孩子的时候，一定要让孩子知道这些困难，而不是说命令孩子必须去学什么。你要让他知道这些困难，他才能够坚持下来。

当我把学跳舞过程中可能会出现的种种困难都讲给了小女孩之后，她仍然坚持自己的理想，并且保证坚决不会耽误学习。当我看着孩子坚定的眼神时,我被她的精神感动了,我知道我没有理由折断孩子的梦想,也没有理由任别人折断孩子的梦想。

在训练营结束以后,我把小女孩的父母叫来,劝说他们接受了孩子的想法。

爱迪生说过一句话:"天赋只占1%,汗水占99%。"

有哪一个歌唱家的父母一定也是歌唱家?真正的兴趣就像人的知己一样,能够"日久生情"。真正的天分,则在于后天的坚持和努力。

放远目光：三三制"持久战"

有一位家长告诉我："王老师，有一个机构5天就能让我的孩子注意力集中。"我认为那些都是骗人的，因为他们用的都是让孩子看电视、做游戏的方法，只是把学习变成了一种游戏。但是当没有人帮孩子把学习变成游戏的时候，孩子们仍旧不能聚力凝神。所以，教育不是花钱，而是要花精力、花思想、花心血。

一个孩子数学不好，他的父亲就让他每天都做三道数学题。儿子做不完三道数学题，爸爸就不吃晚饭，做完三道数学题后，爸爸就陪儿子出去玩儿。这个约定由妈妈来监督。于是，这个孩子就每天做三道数学题。后来他发现，他做这三道题是有价值的，因为他可以让爸爸按时吃饭。就这样，这位伟大的父亲把自己晚饭的幸福让一个孩子去驾驭，无形中也让孩子承担了一种责任。儿子做完题以后，爸爸无论多忙、多累都会陪儿子一起玩，妈妈也一直扮演着坚守原则的那一方。

在教育的问题上，家长们不应该把眼光放得太短，急功近利往往得不到想要的结果。如果你能坚持，我相信你的孩子也能坚持。

我根据自己的经验,总结出一个"三三制"学习法。

第一个"三"。每天拿出来三个小时,其中半小时陪孩子运动,半小时和孩子沟通,剩下两个小时陪孩子学习。

有些家长对自己的生活和孩子的学习都没有规划。今天,学校留的作业多,就陪着孩子做更多的作业;明天作业少,就放松了!今天心情好,就给孩子"放假";明天情绪差,就对孩子严格要求。家长对孩子的学习没有规划,所以孩子的情绪也总是起伏不定的。

我认识一位台湾的大老板,他说过的一句话,很令我感动。

"我有三个孩子,两个儿子,一个女儿。我经常全国各地地跑。但是,每个星期天的下午,都是我们家的家庭日。我的三个孩子什么课外班都没有上过。每个星期天的下午,我就陪我的两个儿子踢踢足球,打打篮球,然后再陪我的女儿做她喜欢做的事情。"

为此,不管每个周六他在哪里,他都会让自己的秘书帮他订第二天回家的机票。

"毅力"不是用语言培养的,而是用你的行动引导的。就像中国一句有名的成语:"言传身教"。少一些"言传",多一些"身教",像朋友一样对待自己的孩子,我想他也会像你期望的那样成为一个"好孩子"的。

第二个"三"。我建议孩子要有三个课外班,或者三个方向。家长要为他们的未来进行规划。很多家长等孩子上了六年级的时候才想起来规划,这已经太晚了。

曾经有人去问一位科学家:"孩子两岁了,我到底应该怎么去教育他呢?到底应该从几岁开始对他进行教育呢?"科学家摇摇头说:"哎!已经晚了两年了。"所以说,教育和规划是越早越好。

第三个"三"是最重要的一个，这是我从前面说的那个父亲那儿学来的。

你可以每天让孩子做三道题，每天让孩子背三个单词等等，不用多，让他坚持三年。他每天背三个单词，一年是1095个，三年就是3285个！北京市教委规定，初中毕业生需要掌握2500个单词；高中毕业需要掌握3000到3500个单词；四级、六级只需要掌握3800个单词；考托福、雅思需要掌握5000个单词；考GRE、去国外读研究生，需要掌握8000个单词。很多家长应该趁孩子还小，从今天开始陪着他，坚持"三三制"原则，三年之后，孩子的英语能达到高中水平，英语能学不好吗？所以，教育孩子不难。

其实办法并不重要，家长对孩子的态度，家长对孩子的爱，家长对孩子教育观念的转变才最重要。家长做到了，孩子也就有了希望；有了推动摇篮的手，就有了推动世界的手。只要我们能在孩子的身边，就是孩子最宝贵的财富。不要把我们教育的眼光放得太短，不要总想马上看到成效，要有耐心，要相信孩子，要陪孩子一起坚持。

有一句话这样说："让一个生命拥有自信，做他的老板，成为他的朋友，从'我'开始坚持。"如果家长能够仔细体味和实践这句话，我相信它将可以改变很多孩子的命运。

专注与耐心就是一种坚持力

什么是专注？专注，就是专心致志、全神贯注，对既定的方向和目标不离不弃、不心猿意马、不见异思迁、不在乎他人审视的眼光和无聊的评头论足。

什么是耐心？耐心是充满期待与希望的等待，它可以克服万难。

专注与耐心都是一种坚持力，只有坚持不懈，才会集中精力、体力、智力，才会充满期待地逐渐向成功靠近。很多人之所以取得成功，并不是因为他们的技艺水平有多么高超，而是因为他们有恒定的专注与耐心。

在训练营中，我经常会给大家讲这样一个故事：

世界台球冠军争夺赛在美国纽约举行，路易斯·福克斯的成绩一路领先，只要他再得几分便稳居冠军宝座。

就在这个时候，他发现一只苍蝇落在了主球上，便上前挥手将苍蝇赶走。当他俯身击球的时候，那只苍蝇又飞到主球上，在观众的笑声中他再一次起身驱赶苍蝇，这只可恶的苍蝇已经开始影响他的情绪了。

更为糟糕的是，苍蝇好像是有意跟他作对，他一回到球桌准备再次击球时，苍蝇就又飞回到了主球上，引得全场的观众哄堂大笑。

路易斯·福克斯的情绪恶劣到了极点,终于失去了理智,愤怒地用球杆去击打苍蝇。球杆碰动了主球,裁判判他击球,他因此失去了一轮机会。接下来,路易斯·福克斯方寸大乱,连连失利,而他的对手约翰·迪瑞则愈战愈勇,赶上并超过了他,最终夺得了冠军。第二天早上,人们在河里发现了路易斯·福克斯的尸体,他投河自尽了。

倘若路易斯·福克斯没有被那只苍蝇所干扰,而是专心致志于台球比赛,那么,凭借他骄人的成绩,蝉联冠军是毫无悬念的。然而,他却因为一只苍蝇分散了注意力,最终落得投河自尽的下场,不得不让人深思!

对于孩子来说,培养做事专注的习惯,也会对他的一生产生重大的影响。一旦孩子养成了专注的习惯和个性,那么他的智力活动便进入了一个质的提高期,而这种让他专注的事物也必将成为他日后生活中极其重要的组成部分。所以,当一个人在做某件事情的时候一定要专注。那些今天想当歌唱家,明天想当影视红星,后天又想当艺术家的孩子,注定要一生无所适从,一事无成了。

柏拉图曾经说过:"耐心是一切聪明才智的基础。"耐心,需要一个人具备坚持到底的毅力。缺乏耐心等待成功的人,他只能用耐心来等待失败。

在日常生活中,父母应该注意培养孩子的耐心,帮助孩子克服急躁的毛病,这样做不仅对他们的学习有帮助,而且对他们今后的人生道路也有很大的影响。

有家长跟我说过这样一个他与孩子之间的故事:

他的儿子耐性不够,无论做什么事都很急躁。

一天晚上,他给儿子一块木板和一把小刀,要儿子一刀把木板切断。儿子费了好大力气也没有做到。他笑了笑,然后要儿子在木板上只切一条刀痕。切好后，他就把木板和小刀锁在抽屉里。之后每天晚上，他都要儿子在切过的痕迹上再切一次。就这样，在他的监督下，儿子坚持了好些天。终于一天晚上，儿子一刀切下去，木板变成了两块。

他对儿子说："你大概想不到这么一点点力气就能把一块木板切成两片吧？你一生的成败，并不在于你一下子用了多大力气，而在于你是否能有耐心坚持下去。"

这位聪明的父亲没有采取直接批评的方式教育孩子，而是通过一块小小的木板委婉地告诉孩子拥有耐心才能成功的道理。

许多孩子都不够专注、有耐心，这并不奇怪，因为孩子的专注与耐心并不是与生俱来的，而是需要后天的培养。培养孩子做事专注、有耐心的习惯，将会在他的人生中产生重大的影响。要知道，只有让孩子先形成一种专心的习惯，将来他们才有可能对自己的事业全身心地投入，不被其他事情所干扰。

能力是一种持久的积累

就像我现在创办教育企业一样，企业的成立说明了我以往的教育成果，但这并不意味着我们以后就一劳永逸了。企业未来的成败还是要靠我们自身的能力与竞争力来体现的。这就是为什么很多学生在学校时不被看好，但是到了社会上却卓有成就。因为他们心态好，他们有能力。

其实人和人之间能力的差距没有多大，关键在于成长和积累的过程。相同的专业水平，为什么前程却不尽相同？因为在实践中的积累程度不同，因为在社会中的适应能力不同。

拿现在的小学生来说，语文成绩的好坏是一两节课的事情吗？不是，那是一个长期和广泛的积累过程。

小时候，妈妈让我坚持做三件事：

第一件事是每天早上我下楼上学的时候，妈妈都让我把垃圾随手带出去。大概用了10天的时间，我就开始每天早上出门时都自觉把家里的垃圾带出去。后来，在工作中，我也有这个习惯，看到地上有东西，我就会随手拿走。

第二件事是妈妈锻炼我的自立能力。

上小学的时候，有一次我很积极地把班里的窗帘带回家去洗。妈妈看见了，没有帮我洗，而是说："来吧，妈妈教你怎么洗。"后来，我

第四课 坚持的奇迹：孩子只须「每天进步一点点」

不仅把窗帘洗得干干净净，还学会了洗衣服。从那以后，我就再没有让妈妈帮我洗过衣服。

虽说洗窗帘很件很简单的事，但现在很多家长一来心疼孩子，二来觉得孩子做得不好，所以自己就坚持给洗了。这是家长剥夺了孩子锻炼自立能力的机会。

最后一件事就是，每天早上一起床，妈妈要我坚持背三首唐诗，每天晚上睡觉前坚持讲一个故事，而她也会天天陪着我坚持。后来，我在班里面当上了班长，当上了学生会主席，也是得益于这些习惯的坚持。

能力是一种积累，是靠坚持不懈的努力锻炼出来的。评价一个孩子的能力，不是看他考了多少分，也不是看他在学校拿了几张奖状，而是看他的综合素质是不是有所提高。坚持是一种培养能力的力量，是能力积累的过程。

笑到最后：改变孩子人生的四首歌

在训练营的培训中，我常常用四首歌来告诉孩子们人生的道理，家长们也可以借鉴。

第一首歌：《一无所有》。

人生来本就是一无所有的，金钱、权利、地位，这些都是无法真正依靠的，而惟一能够永远依靠的，是自己的能量。

当有一天，你看着身边的人有的开着奔驰，有的开着宝马，而你却是骑着一辆自行车，甚至还因为刚买了一辆电动车而兴奋。这时，请你不要埋怨你一无所有，不要去埋怨这个世界的不公。

就算你没有一个比别人更富有的父亲；就算你没有一个更善良、更温柔、更理解你、更能支持你的母亲；就算你没有一个朋友；就算老师不够支持你、不够喜欢你、不够欣赏你，但是，孩子，当你所学的这些东西有一天变成了可以输出的能量的时候，那时你就不再是一无所有，你将会拥有更多。

第二首歌：《我是一只小小鸟》。

当你认为自己有能量的时候，你就会设定自己的目标，就会去搏击长空。但是，就像这首歌中唱的那样，一个勇敢的人，他曾经努力过，也曾经奋斗过，但是在飞翔的过程中，还是会遇到风暴，受到伤害。因为，在这个世界上，没有人可以用自己的力量，轻易地获得或达到自己想要的结果。

记得新东方有一句口号，我很欣赏：在绝望中，寻找希望。俞敏洪从国外留学回来，住在破旧的平房里。但是，就是在那样一排破旧的平房里，俞敏洪创建了新东方。

这首歌，它唱的是一个人的人生，它唱的是一个社会里面不同命运的人。所以，请你记住，你到底要做一个什么样的人！

第三首歌：《我的未来不是梦》。

很多人听完这首歌后认为，这是在追求金钱，追求名利，也有很多人认为是在追求一种成功。

但是，我可以告诉你，其实在这首歌里，他是在追求那个过程，这是一种人生态度。请你们记住，在别人都放弃的时候，如果你还能坚持；在别人都已经结束的时候，如果你还在继续；在别人都已经休息的时候，如果你还在努力……我相信，你的机会一定比别人多，你成功的可能性一定比别人大。

我们知道，古代打仗，战场上用的是马，而往战场上运东西靠的是牛。因为它们的毅力是最坚强的，它们的力量是最庞大的。所以，人跟人比的不是智商，而是看谁能坚持得住。

只有在太阳下默默流着汗水的人，只有毅力、持久性比别人更强的人，才会成功。

第四首歌：《相信自己》。

在这个世界上，人跟人的差别就是一条：你相信你有多久的耐力，你就能坚持到多久。其实，人之所以会放弃，之所以做不到，不是自身的身体不行了，而是自己不相信自己，认为自己不行了！

如果你想在学习中取得更好的成绩，非常简单，相信自己能够坚持下去，相信自己的坚持一定会有结果。许多人放弃了，是因为他们认为坚持已没有用、没有价值了，认为他们的能力已经到了极限了。

能考上北大的人，有10%的人会说这样的一句话："我之所以能考上北大，是我蒙的，是我超水平发挥的。"但是，90%的人都会说："我从小就认为我能考上北大。"孩子，请记住，在这个世界上，会有一些人存在一些幸运，但是，如果对这份幸运失去了信心，失去了坚持，幸运就不会降临到你的头上。

第四课 坚持的奇迹：孩子只须"每天进步一点点"

我的建议：父母应该怎样培养孩子坚持的精神

建议一：从日常生活中培养孩子的耐性

当今日常生活中的事物都力求方便和快速，诸如即溶奶粉、快餐、遥控器等，想吃、想看，都不用"等"，马上就有。恰恰是这种凡事都不需要"等"的快捷生活，使孩子们丧失了训练"耐性"的机会。因此，父母应从日常生活中借着"等"来培养孩子的耐性。例如：当有需要排队等候的事情时就要带上孩子一起耐着性子等。

除了在"等"中培养孩子的耐性外，在生活中还要督促孩子把自己的事情做完，这也是教导孩子有耐性的有效途径。例如平时注意选一些需要耐性的游戏同孩子一起玩，在孩子玩耍时，要鼓励孩子有始有终。

当孩子把事情做到底、做完时，父母要给予适当的表扬，促使他们今后能把每件事都做完。如果孩子做一件事没有做到底，或是有困难、有厌倦感，这时父母就要从旁鼓励、暗示和协助他们一定把事情完成，这就是对孩子最好的"耐性"训练。

建议二：在孩子完成作业的过程中，培养其专注与坚持

孩子天生充满好奇而且多动，作为父母应该主动帮助其培养专注与坚持的能力。有一个妈妈跟我说过这样一个事例：

她的女儿齐欢是一个聪明活泼的三年级女孩，但就是上课听讲的效果非常不好。老师在上课的时候，经常会发现齐欢的眼睛不是黯然无神，就是盯着窗外或者周围其他的同学，要不就是手里不停地摆弄着铅笔、尺子、书包带等物品。她回答问题时，常常是"一问三不知"。不用说，她的考试成绩也不理想。如此不良的听课状况，一旦孩子升入高年级，功课肯定跟不上。

为此老师私下找来了齐欢的妈妈。齐欢的妈妈也说孩子在家做作业的时候，总是磨磨蹭蹭，不是要喝水，就是要上厕所，还经常发愣，一个小时的作业量，她总要用两到三个小时才能完成，而且正确率也不高。

齐欢的妈妈经过一番咨询，通过平时在齐欢做作业时训练她的专注能力。一段时间之后，奇迹出现了，齐欢完成作业的质量和效率明显提高，上课也能专心致志地听讲了。

一般父母都会遇到这样的情况，如果要求孩子在一定的时间内完成作业的话，孩子就会按时完成甚至是提前完成，而且正确率非常高。此时，孩子的注意力是绝对集中的，可是如果孩子没有被这样要求，那么所用的时间就会很长，并且正确率也会明显降低，原因就是注意力没有集中。

所以，父母应该根据孩子的作业量定出时间，要求孩子在规定的时间内集中注意力，认真完成作业，如果孩子可以按时完成或者是提前完成的话，父母可以让孩子做一些适度的放松。如果孩子的作业实在是太多的话，父母可以把孩子的作业拆开，让孩子一部分一部分地完成，这样不但对集中孩子的注意力有帮助，而且还能够让孩子的学习有松有紧，可以提高孩子的学习效果。相反，如果父母让孩子一次性把大量的作业做完，不许孩子在中途休息，并且还在孩子的身边不停唠叨的话，就会让孩子产生抵触的心理，从而对学习失去兴趣，注意力当然也就不会集中了。

建议三：父母对孩子做的任何事都要求有始有终

许多孩子没有耐心，是因为父母对孩子做事的要求往往也是虎头蛇尾。所以，父母要注意不纵容孩子半途而废的行为习惯。在开始一种新的活动之前，必须让他把正在进行的活动做个了结。

如：让孩子去洗澡，应在开始烧水时就告诉孩子画好这张画后再去洗澡。然后在孩子洗澡之前别忘了认真检查画到底画完了没有，这本身就是在培养孩子做事有始有终的良好习惯。对孩子的这种要求长期坚持下去，就会培养孩子的耐心，从而帮助孩子养成良好的习惯。

建议四：给孩子设置障碍，提供克服困难的机会

耐心可以促使一个人走向成功，缺乏足够的耐心会导致一无所获。

父母在培养孩子耐心的同时，还应该有意识地给孩子设置点障碍，为孩子提供一些克服困难的机会。因为耐心是坚强意志磨炼出来的，越是在困难的环境中，越能锻炼孩子的耐心。要鼓励他们做事不能半途而废，做好一件事要经过坚持不懈的努力才能完成。孩子经过努力完成一件事后，父母应当及时给予表扬，从而强化其做事有始有终的良好习惯。

第五课

亲子交流：蹲下身子，父母不要做"家长"

父母要想被孩子接受,就应找准自己的位置。要蹲下身,这不仅是位置和角度与他们一致,更是一种思想、观念的"放低",和孩子站在同一视平线上交谈,了解他们的思想,用孩子的眼光看世界,才能真正了解孩子的所思所想,与他们更好地沟通,他们才更乐意听你说话。在这堂课中你将会知道怎样做一个受孩子欢迎的父母。

良好的沟通是拉近彼此距离的桥梁

很多家长跟我讲，五、六年级、初一的孩子逆反心理特别强烈。我认为，不是孩子逆反，而是我们没有抓住孩子的关键点。因为处于青春期的孩子有了自己的思想，他们已经不是摇篮里的娃娃了，不会任由父母"摆布"。

什么叫青春期？家长大多知道的是他们生理的变化，其实，最重要的是他们的心理和思想开始出现了变化，他们的自我意识越来越强了。所以，他们不再像以前那么听父母的话，也不再像以前那样那么容易就被父母所改变。甚至，父母越想去遏制、扭转他们的思想，他们的对抗就会越大。

我接触过一个孩子，叫李林。

她的家境比较特殊，她的继父母是一对特别好的人。这个孩子的亲生父母都去世了，是一个孤儿。继父母其实自己有两个女儿，但觉得这个孩子很可怜，就收养了她，想给她更好的生活条件。

继父母因为工作特别忙，再加上自己的两个女儿年龄又比较大，所以这个家庭跟李林基本上没有交流。到了六年级，这个孩子就已经厌学，不想上学了。

第五课 亲子交流：蹲下身子，父母不要做「家长」

在假期训练营的时候，有一天，她的继父母都出差了，家里没人给她做饭，我就把她带到自己家里，跟她一起动手做起饭来。大概做了20多分钟，我们俩的衣服全都湿透了。吃饭的时候，我给她看了一段我之前录好的视频，是李林继父母一天工作的过程。这其实也是一个互相理解的过程。

就在我们谈话时，她的妈妈回来了。（其实是我特意安排的。）李林扑到妈妈的怀里，说了一句"妈，你真不容易"，就哭了起来。妈妈抱着她也哭了。

从那天开始我们就约定，她每天回来给爸爸妈妈讲一件学校里面有意思的，或者是发生在她身边的事儿。爸爸妈妈也挺配合，每天抽出一个人，给她讲一件在单位里面不容易的事儿。

后来我发现，通过这种沟通交流的方式，他们的关系越来越好了，李林也重新回到了学校，再没有产生过厌学的想法。

其实，孩子并不是一定要做父母的"死对头"，很多时候都是父母没有处理好与孩子的关系。只要家长能够及时与孩子沟通，冷静思考孩子的需要，你们之间的关系就会越来越好。所以，想让孩子听自己的话，很简单：沟通。

良好的沟通，能够拉近心与心的距离，能够让彼此更加了解、信任。倾听孩子内心的声音，我们才能"对症下药"，适时地指导孩子健康成长。

用心交流，不打不骂做父母

如今，我经常遇到的一个问题是独生子女太过自私、小气。但是，孩子的小气来源于哪儿？如果一个孩子特别暴力，经常打架，家长先不要操之过急地批评他，而要思考一下家庭教育方法是否过于简单、过于粗暴。

孩子往往会认为，他犯了错，爸爸打他，爸爸就解决了问题，因而当孩子遇到问题的时候也会选择以暴力解决问题。我们经常不让孩子看动画片、看电视，但我们是不是经常看电视呢？这样，孩子写作业的时候，就会出来做一些小活动，比如喝水、吃苹果，因为他看到家长看电视，自己也想看一看。所以，家长一定要重视自己的行为。

孩子为什么都想长大？

"因为长大就没人管我了，我想干什么就干什么。"

其实，他们是产生了"为什么大人想干什么就干什么，而自己不可以？"的心理。所以，家长的话在孩子那里越来越没作用。如果在家中所有人都严格执行一条规则，那么孩子还会去破坏吗？然而往往先破坏规则的却是我们这些大人。所以，当你因为孩子破坏规则而去打骂他时，孩子总是不服气的，从心理上也是感觉委屈、不能接受的。

第五课 亲子交流：蹲下身子，父母不要做「家长」

作为一名家长，在你已经为孩子提供了吃、穿、住、行、用的基础上，你经常给予孩子的是什么？

第一，告诉他，"我能给你创造最好的外部环境"。

第二，暗示他，"我能给你拿钱换来的东西"：数学不好，怎么办？报数学班，请数学老师补课；英语不好怎么办？报英语班，请英语老师补课。

第三，世界上最重要，但也最害人的一样东西——语言。

家长经常对孩子说："你看，最近又不努力。""你看，你又考这么点分。"如果让一个孩子说说自己有什么优点，他会顿时语塞；如果让他说说他有什么缺点，他却能滔滔不绝。这是因为总有双眼睛盯着他们的问题！孩子们有问题与否暂且不谈，但更重要的是，家长们的挑剔与唠叨往往适得其反！

如果我告诉你们不要想红色，想红色不好，你能控制住自己吗？以此类推到我们跟孩子说的话："上课别不认真听讲！""别不写作业！""别不听老师话！""考试别马虎……"这些话在家长站在孩子面前的时候，仅有一时之效；一旦离开家长，就只能是徒劳无功了！虽然不是所有孩子都是这样，但是大多数孩子都是这样的。各位家长，你知道为什么吗？

因为我们所说的话无形中成为了一把匕首刺伤了孩子们的自尊心、自信心。久而久之，孩子们会对这些话变得消极、麻木，最后形成了一种恶性循环。所以，家长朋友们要注意自己的言行，要让自己的语言成为孩子们心田上开出的花朵，而非刺伤他们的工具。

父母不要趾高气昂地做"老大"

在对孩子教育的问题上,很多时候问题不在孩子身上,而在家长身上。

家长往往把孩子当成"敌人"一样去防范。偷看日记、查看电话,家长把孩子要做的事当做很恐怖的事情,千方百计地防范。正因为如此,孩子对"反侦查"产生了兴趣,甚至会激怒自己的父母。

很多孩子在我面前说过同样的话:"其实,我不是想干这件事,我就是想看看妈妈什么反应,我就是想让妈妈不高兴。"这让许多家长感到很伤心。

可是,家长们知道这是为什么吗?因为你们没有完全尊重孩子,没有把自己与孩子摆到一个正确的位置上。

中国的家长存在着一个最大的问题,就是我们总认为自己是家长,是老大,就有权利管。"我是你爸(妈),我能害你吗?""我能不为你好吗?""我所做的一切都是为你好。"这是家长们最常说的几句话。甚至,有些家长还把自己未完成的心愿,把自己当年没实现的理想,都强加在孩子身上。这样趾高气昂、居高临下的态度,孩子能不产生逆反吗?

每一个孩子的成长都是有过程的,每一个孩子的成长优势也是各有不同的。我常常问家长们:"孩子已经四五年级了,他的核心优势是什么？"

"不知道……"

孩子长大了，家长就要真正地去了解孩子，去跟孩子交流，去发现他们的特长所在、去发现他们的兴趣所在、发现他们这一生的优势所在，这才是对他们最大的帮助，也是作为家长的你对孩子这一生最大的贡献。

孩子有了自己的思想。更需要的是什么？更需要的是有思想的人对他的认可，家长要给孩子自信，给孩子认可，更重要的是，从今天开始，不要再把自己当做一个家长了，要把自己当做一个跨国企业的老板。

有人说，别逗了，我连我儿子还没有管好呢，还让我当一个跨国企业老板？别误会了，我的意思不是让你去经营一个企业，而是以一个跨国企业老板的身份，像老板冷静地思考"如何激励员工，如何让员工更卖力气地工作，如何让员工更有创造力，如何让企业拥有更大的核心竞争力"一样，去分析自己的孩子。家长除了为孩子提供衣食住行以外，还要跟他们做朋友，深入到他们的内心，及时去发现他们的问题，并帮助改正。

作为家长，从今天开始，别再把自己当老大，为什么？因为那是"黑社会"。照从前那样做，你家里就类似于黑社会。孩子不许说反对意见，孩子没有话语权。爸爸说的绝对是对孩子有好处的，所以孩子就得听着；妈妈说的也没有害孩子，所以孩子就得照办。这样一来，家长不但没有调动孩子的内动力，没有给孩子成长的自主因素，反而让孩子产生逆反心理。

家长只有先把自己提高到一个更高的高度，孩子才能提高到一个更高的高度。家长需要做的不是每天挥着鞭子督促孩子，而是放下家长的大架子，换位思考用什么办法可以激励孩子。

多用耳朵少用嘴，用爱聆听孩子的心声

在训练营中，我遇到过这样一个案例，也是我多次跟参加培训的家长说过的一个故事。

温桦是训练营里的一名特殊分子。因为嗓音特殊，尖细而又略带点柔美，所以他一直被本队的同学所议论。其实，不仅仅是本队的人，全营所有的孩子也都议论着这个声音特殊的男孩。再说得准确一点，从他青春期开始，所有跟他有过接触的人都用异样的目光审视着这个大男孩。

也正因为这一点，温桦刚来营地的时候表现得不积极，也不喜欢跟别人交流。直到有一天，温桦的带队老师找到我，说温桦哭了。他自己坐在楼道冰凉的地板上哭得泣不成声，所有经过的人想要劝劝他，但是他谁都不理。

于是我赶紧跑到温桦身边，静静地坐在他身旁。他知道有人在他身边坐下，没有抬头，依旧在那里流着眼泪。我将他身边关心他的同学劝走，好让他能够尽快地平静下来，因为只有平静的心态才能让他吐露心声，只有平静的交流才能帮助他找到他内心里最脆弱的一面，只有平静的思考才能使得他找寻到自己应该努力的方向。

随着时间一分一秒地过去，温桦渐渐平复了自己的思绪。我们也就开始了这次充满爱的特殊教育。

第五课 亲子交流：蹲下身子，父母不要做「家长」

到了青春期的男孩脾气都很倔,他们不喜欢在外人面前显示自己的脆弱。所以当一个青春期的大男孩忍不住坐在楼道里哭的时候,我深深地知道,他的自尊心一定受到了很大的打击,这几天好不容易提升了一点的自信全部崩塌了。

但是我又知道,所有第一次见到温桦的人,首先注意到的一定是他独特的嗓音。如果这仅仅是个成年人或者是同龄人的世界,大家会礼貌地回避这个问题。但是在营地里,还有那么多天真的小孩子。他们注意到了什么一定会去说,而且是大声地说。同龄人即便不说,但是掩饰不住的表情,私下的议论,依旧会让温桦心里很不舒服。这个独特的嗓音一直是他心里的伤疤,一个他觉得丑陋的,不能让别人看到的,拼命去遮挡的伤疤。

但是,温桦的这个年龄,想要自然地发生变化基本是不可能的了,他必须接受他的声音。最好能够让他喜欢上自己的声音,并且为自己的声音而自豪。但这又谈何容易。

幸运的是,我的同事本身就是一个很像男老师的女老师,具有男性的幽默、干练以及女性的细心。她以自己的例子开场再合适不过了。在营地里,每一个孩子都很崇拜自己的老师,尤其是主讲师。因为每一个老师都是那么地阳光、外向。而营地里最开始的课程都是以讲故事作为主要阐述方式。于是我的同事决定先给温桦讲述自己的故事。正是因为她的男性性格的一面,她站在了精英主讲师的舞台上。让所有认为精英课只能由男人上的人无法辩驳。这位教师也用自己的实际行动表明,作为一名女讲师,她骄傲自己的性格里,有着偏男性的一面。

听完我同事简短的讲述,温桦似乎懂得了什么。但是懂得仅仅是第一步,要想让温桦重新回到阳光下快乐地生活,必须让他接受自己的独特。

于是,我们开始试着碰触他遮盖在伤疤上的布。一步一步让他自己说说对自己的不满，自己内心最脆弱的地方。有了前面的故事铺垫，温桦觉得自己身边坐着的已经不再是老师，而是一个跟他有着相似经历的朋友，所以他愿意对这样的人敞开心扉。于是他跟我们说起了自己的往事。在学校被同学嘲笑，甚至是带有侮辱性的讽刺。其实，他又何尝不想跟别人谈笑风生，又何尝不想将自己最阳光的一面展示给大家呢？但是每当他尝试去相信别人的时候，换来的却是一次次的伤害。所以他宁愿选择将自己封闭起来。听着他的故事，我的内心酸楚至极。

于是我跟他分享了另外一个故事，一个从网络上听来的故事：一个人受伤了，他怕别人看到自己的伤，甚至自己也不敢去看。于是每天都用布紧紧包裹住伤口，他觉得这样自己的伤口就没有了，至少别人就看不到了。但是时间一久，伤口由于长期包裹而化脓了。当他再一次正视自己的伤口时才知道，伤口想要愈合就应该暴露在阳光下。

此时的温桦彻底明白了我的意思，试图将自己的伤疤暴露在阳光下，可是没有信念支撑的暴露会让他更加受伤。于是我们试着给温桦找到他声音特质中美好的一面。于是第三个故事出现在温桦面前：张信哲和青峰的成名路。而温桦在唱歌时所展现出来的信心让我们所有人欣喜，尤其是他唱的张韶涵的歌。一刹那，我觉得温桦已经可以迎着所有人的目光，快乐地生活在阳光下了。

第二天，在全营面前，温桦分享了他的日记，一篇很动情、很有哲理、语言文字很优美的日记。随后温桦在所有人面前唱起了张韶涵的歌。最后，他告诉所有人："我为我的声音而骄傲。"这一次全营为他响起了最热烈的掌声，温桦也迎着所有人的目光笑了。

在结营仪式上，温桦队上的同学在200人面前邀请温桦的爸爸起立，向温桦的爸爸致敬。所有人告诉温桦的爸爸，他应该为自己的儿子感到骄傲。

从温桦的例子中，我们可以真切地感受到倾听的力量。然而现在的家长，总是嘴用得太多，耳朵却用得很少。你有多久没有听孩子说说他的想法了？你有多久没有去感受孩子的感受了？

如果家长不用心，那么孩子的成长心声就太难发现了。我们稍微大意就会错过孩子每天的变化。孩子已经努力三天了，但是，由于我们的粗心，始终都没有发现。好不容易到了第四天，你早下班，正好看见孩子在看动画片便火了，孩子前三天的努力，随着你一顿脾气的爆发便付诸东流了。从此，孩子再也不努力了。

也许，他已经努力了两个月，上课认真听讲，回家认真地完成作业，但他这次依然没有考好。回到家，得到的是什么？得到的依然是对他能力的否定："你就这样吧！你这辈子就没出息了。"

他心想：反正我这辈子没出息了，我还努力什么呀？家长不妨想一想，他们不是不自责。

如果你能发现孩子的变化，如果你能用心去感受他们的成长，你会发现——每个孩子，在他的心底，都是要求上进的。但如果你每天发现的都是他们的问题，他们便不再接受你的建议了；甚至开始慢慢地不再与你沟通了。如果这样下去，他们会认为家长不再是他们心里最亲近的人了，自然也就不会再听话了。

如果想让孩子更努力，达到更高的目标，家长就应该给孩子更大的激励。

从今天开始，每天跟你的孩子聊五到十分钟的天，但是要克制住一点，别聊完两分钟，看见儿子蔫头耷脑的样子就训孩子："能不能不这样？能不能坐在那儿？"应该耐下心来，让孩子心平气和地把他们的想法和意见表达出来。只要家长用爱去包容，用心去聆听，每一个孩子都是非常优秀的。

双向交流,让孩子全方位成长

现在很多家长给孩子吃、喝、住、玩、行时都毫不吝啬,在陪伴孩子的时间上也还可以,陪着孩子上各种班,陪着孩子出去玩儿的机会都不少,但是却很少有家长能够认真地与孩子交流。

说到沟通和交流,曾经有个孩子这样跟我说:"王老师,我不想跟他们说话,因为说不到5分钟,就不再是交流了,而是单方的信息输出,还经常还带着情绪和噪音。"

这样的交流方式显然是不合适的。作为家长,不要总是居高临下地对孩子发号施令,而是要发自心底地认可孩子、观察孩子、理解孩子,给孩子自信,给孩子快乐。只有这样孩子才能怀着一颗快乐的心来接受家长的教育,来面对成长的考验。

此外,家长一定要坚持跟孩子有聊天、谈话的时间。这是一个非常好的坚持,而且这个坚持也非常有意义。

当你走上社会后什么用得最多?语言的沟通,语言的交流。

其实,这个社会就是一个沟通的社会,一个交流的社会。现在有很多家长,他们最大的问题有两个:第一个就是在孩子小的时候,他们觉得孩子什么都不懂,不愿意跟孩子交流。孩子大的时候,想去交流,又遇到第二个问题——一交流就是学习、考试分数。然而孩子又不愿意跟他们交流这些,所以就失去了很多和孩子交流的机会。

第五课 亲子交流:蹲下身子,父母不要做「家长」

交流这件事儿，我个人认为有几大好处——

第一大好处，人和人之间越交流，就越有感情。作为家长，当你们和孩子在交流中感情越来越深的时候，就会觉得这个孩子可爱、好引导。交流、沟通越多，你的教育越不会出问题。

第二大好处，就是你越交流，就越了解孩子的性格。开朗、积极、上进的一面。

第三大好处，就是越习惯跟人交流的孩子，他适应这个社会的生存能力，社交能力，团队合作能力就越强。而在家一个人玩电脑、看电视的孩子往往都不太喜欢跟人沟通，性格也比较孤僻。

第四大好处，在交流的过程中家长能更容易掌握孩子的内心世界。从而更容易发现问题，解决问题。如果走进他的内心世界的话，你会发现这个孩子比较勇敢，敢去做决定，敢去表达自己的思想。

另外，这种交流对于低年龄段的孩子来讲，也是一个学习和积累的过程。我看过这么一个科学报道，一个家长跟孩子说话的多少和内容，就已经决定了这个孩子14岁前大概的文学文化水平。为什么呢？交流少的家庭，孩子从3岁到6岁，所能掌握的常用的词汇只有几百个，如果交流得多，而且内容比较丰富，这个孩子大概可以掌握1500~2000个词汇量。

我的建议：父母应该如何成为孩子真正的好朋友

建议一：改掉偏见，成为孩子的朋友

跟孩子形成"像朋友一样的关系"的首要条件是什么呢？我认为，彼此尊重和亲密的对话是建立平等关系的首要条件。但是，每当我建议"经常跟孩子对话，多听听孩子的心声"时，还是有很多父母反映"要做到这一点确实不容易，在跟孩子对话时，经常会情不自禁地教训孩子"。这就说明，在与孩子的对话过程中，父母还抱有很大的偏见。

在与孩子对话时，家长要避免用负面意义的说话语气。像"我命令你……"、"你最好赶快……"、"我数到一、二、三……否则……"、"你真笨"、"你太让我失望了"……这样的语言，在与孩子的沟通中是坚决要杜绝的。

在日常生活中，当孩子对事物产生好奇时，我们觉得不可以或者不喜欢时就会阻止和拒绝孩子做他们喜欢的事，从而伤及孩子的好奇心和自尊心。如果家长不能改掉"唯我是从"的老大观念，不能改掉立场的偏见，就不能与孩子成为真正的朋友，更不能教育好孩子。

建议二：关注孩子的需要

家长要细致深入地了解孩子，关注孩子的需要。不仅仅是从语言上，还要从他们日常的行为中去感受孩子的内在需要、潜在需要。当孩子在外面受了委屈、与好朋友或心爱的宠物分离时，他(她)细腻的小心灵会难过半天。父母却只是一味地告诉他(她)"没关系，坚强一点"、"这没什么好难过的"，会让孩子觉得父母一点儿都不能体会他(她)的感受，若父母说："你很难过吧？我要是你也会有这种感受的。"相信会有截然不同的效果。

如果父母尽说些孩子无法理解的话，或提出一些孩子达不到的要求，不但孩子觉得辛苦、压力大，亲子间对话也势必难以搭上线。

在与孩子的沟通中，家长要记住，孩子也是一个话语主体。所以，在和孩子交谈的时候，不要只顾表达自己的想法，还要认真对待、尊重孩子的看法，并与孩子进行良性的互动。孩子提出问题时，应先了解其真正含意，并针对孩子的需要做回答。例如孩子想跟你一起去买菜，假如你知道孩子的真正目的，就可以说："是啊！你要不要一起去？"孩子听了必定会很高兴。

此外，对于孩子所提的知识性问题，父母也要慎重回答，或带着孩子一起寻找答案，这样，孩子以后不论碰到什么问题，都会主动向父母询问。

建议三：充实孩子的生活经验

父母与孩子沟通的话题，往往来自生活之中。父母可以带着孩子观察身边的各种事物，如身边的花花草草，路上车子的颜色、造型、品牌，街上行人的穿着打扮、说话内容，百货橱窗里的林林总总……都可以作为谈话的素材。这样不仅有利于提高孩子的观察力，培养孩子敏锐、好奇的心，同时也能拉近与孩子的距离。

另外，经常变换新鲜的话题，也能引起孩子的兴趣，例如："你猜猜看今天我发生了什么事？"、"你知不知道为什么小孩子最喜欢恐龙？"、"如果有一天，太空人真的来到地球……"等问题，相信会比

"今天过得好不好?"、"快乐不快乐"更能引起孩子的交谈兴趣。

充实孩子的生活经验,也能帮助家长迅速成为孩子的知心朋友。

建议四:和孩子沟通要做到"从心开始"

当家长们首次聆听和触摸到了童心世界的心声、心曲时,心中无不激荡着一次次震撼。由于缺少沟通,家长们蓦然发现,孩子的幼小心灵里,竟然隐藏着那么多不被家长所了解的丰富与孤寂。

孩子之间容易玩到一块儿,主要原因就是想说什么就说什么,可是他们有很多话都不愿意跟父母说,让父母很苦恼。其实,只要父母多用心去感受孩子内心的真实想法,想办法做孩子的好朋友,只有当孩子感觉到你理解他,能为他保密,使他有安全感时,他才能对你讲出心里话,与你沟通。

第六课

挫折教育：给孩子承受挫折的机会

没有一个父母希望自己的孩子遭受挫折，但是，在人生路上，挫折似乎又是难免的。如果你永远都将孩子置于自己的羽翼之下，帮他们挡住伤害与失败，那他们就永远也学不会如何在打击到来时独自承受。所以，在开始这堂"挫折教育"课之前，我想先请各位家长稍微克制自己"想帮他一把"的冲动，给孩子一个自己承受挫折的机会。

"失败教育"比"成功教育"更重要

我曾经见过一个典型的高考失败生。由于高考的失利,女孩只能选择上中专。但是通过跟女孩聊天我发现,其实女孩非常想上大学,可就因为这一次的失败,她没有信心,没有勇气了。

简单地沟通之后,我劝她走出了一月未出的房间。出门后,我对她说:"你看,外面空气多好,阳光多明媚!你用18岁的你换后面的80岁,用60年的折磨换你这一次的失败,是很不值得的!"

一路上,我都在用失败后重新站起来,最后取得成功的例子来鼓励她。后来,她决定复读一年,重新走入高中校园,积极备战来年的高考。

其实孩子身上体现出来的一些不成熟,恰恰属于家庭教育的缺失。我将家庭教育的缺失大体归为以下三类:

第一类缺失,家长没有给孩子创造过面对失败和挫折的机会。而且家长通常选择依靠自己的经验和能力把孩子可能遇到的困难统统绕过去。家长只会在孩子学习不如意的时候,托关系、找老师给孩子补课。他们没有失败的机会,所以一旦遇到难题,就会非常脆弱。

第二类缺失,家长总是抢先承担孩子失败的责任和后果,造成孩子严重缺乏责任心,没有担当能力。

第三类缺失,家长过高的期盼,给孩子带来了不必要的心理压力,家长的失望会让孩子产生更大的恐惧感和挫败感。

国内有许多如何成功的培训，这些很重要，但不是最重要。最重要的是教孩子们如何面对失败，在失败后如何调整心态，正视失败，走出心灵低谷。因为，成功不是人人都能遇到的，但失败却是人人不可避免的，有大有小。

作为父母，培养孩子战胜挫折的能力是很重要的。"失败教育"比"成功教育"更能激励孩子上进，更能锻炼他们坚强的意志。

美国有一个著名的理论，叫作后"十名理论"。什么意思呢？很简单，就是在一个班级中，名次位于前十名的同学，往往在以后的表现中也很出色，但都是比较按部就班的，也许是议员，也许是官员。在班里成绩中等的学生则一直默默无闻。但是，经过很多数据调查发现，反而是班里最后几名的同学会生活得很富有。

你知道为什么吗？因为他们被这个世界历练出来了，有着极强的心理素质，他们有着极强的自我情绪调整能力。因为从小所有人都指着他们说："就你呀！什么都不行。"所以，他们失败了很多次，但是，他们从来都没有被失败打倒。最后，只要有一次机会被他们把握住，就能取得成功。

这种结果，本来就是教育现象的本末倒置，说明我们给孩子的，不是他们所真正需要的。一个人只要他的生命尚存，他拥有自信，相信他就可以再创财富，他就可以再次劳动，他就可以再创自己幸福、快乐的生活。

每一个孩子在他的成长道路上，都会有起伏；每一个孩子在他的成功道路上，也会遇到起伏而现在的孩子最缺的是什么？是挫折，是困难，是忧患。

一位校长曾经告诉我，他们那里的孩子经常抱怨学校的饭不好吃。是的，如今孩子们生活得太幸福了，在家中，很多孩子都是衣来伸手，饭来张口，如果现在的生活条件返回到几十年前，我们的孩子还会挑食吗？

如今的家长都爱子心切，强迫自己去努力上班、努力挣钱，要给自己的孩子创造最好的物质条件。然而现在是孩子们并不缺少物质条件，而家长们为孩子们的物质条件奉献得太多太多了。

实际上，教育的第一大误区就是我们自认为自己含辛茹苦，给了孩子一切。但是，你给予他的一切是什么？是吃？是住？是穿？是把孩子送进最好的小学？然后把孩子的未来托付给老师？但是，在孩子的成长过程中，你真的付出了他所需要的东西了吗？

在北大，将近1/3的学生都有一个共同的名字，这个名字今天依然存在，他们叫"馒头生"。这群孩子，他们每天中午只吃馒头！他们没有一个当总经理的爸爸，也没有一个有钱的妈妈，但是，他们照样学会了生活，学会了上进，学会了努力，学会了创造财富。

孟子说："生于忧患，死于安乐。"给孩子们少一些物质上的溺爱，多一些品质上的煅造，孩子们才能真正学会怎样去适应外边的世界。不要害怕孩子失败，哪个人在成长的路上没有经历过失败？失败了，鼓励孩子重新站起来，他会比你想象得更加坚强！

第六课　挫折教育：给孩子承受挫折的机会

挫折是孩子成长的大学

现在的家长，对孩子过分爱护，只要读好书，一切该孩子自己动手做的事情，都由家长代劳。许多中小学校，为了追求升学率，只注重学生考分的高低而忽视了他们承受挫折能力的培养。所以，一些青少年虽然学了不少书本知识，但是遇到困难和挫折时常常不知所措，甚至一蹶不振。这不能不令人担忧！

在国外的教育中，有很多关于挫折教育的案例，这对我们国内的家长来说很有启发借鉴的意义。

美国总统约翰·肯尼迪的爸爸从小就注意对儿子独立性格和精神品质的培养。有一次他赶着马车带儿子出去游玩。经过一个拐弯处，因为马车速度非常快，马车猛地把小肯尼迪甩了出去。当马车停住时，小肯尼迪以为爸爸会下来把他扶起来，但爸爸却始终坐在车上悠闲地掏出烟吸起来。

小肯尼迪叫道："爸爸，快来扶我。"

"你摔疼了吗？"

"是的，我自己感觉已站不起来了。"小肯尼迪带着哭腔说。

"那也要坚持站起来，重新爬上马车。"

小肯尼迪挣扎着自己站了起来，摇摇晃晃地走近马车，艰难地爬了上去。

爸爸摇动着鞭子问："你知道我为什么让你这么做吗？"

儿子摇了摇头。

爸爸接着说："人生就是这样，跌倒，爬起来，奔跑；再跌倒，再爬起来，再奔跑。在任何时候都要靠自己，没人会去扶你的。"

适度的挫折教育，是家庭教育中必不可少的内容。在人的一生中，不会永远一帆风顺，每个人都或多或少地要遭遇挫折。精神上的煎熬，体力方面的磨难，都是挫折的不同形式。理想受阻，追求失败，艰苦劳作，疾病缠身，也都是挫折的种种表现。对孩子实施挫折教育，对于孩子性格意志的磨炼和能力品行的培养，都有着极其深远的意义。

还有一个故事，它是我们现在很多家长在教育孩子中的真实写照：

有个农夫，他的小麦先是受到了蝗虫的进攻，接着又遭到了洪水的侵袭。

虽然他家仍有足够的粮食，不致挨饿，但这种状况不能再这样持续下去了，必须要改变。于是他找到神明，祈求神明给予帮助。

"我种的小麦经常遭灾，我想改变这种状况，求神明给我足够的阳光；不要有病虫害；雨下的不要太多，刚合适就好了；另外还要有令人感觉舒爽的和风。"

神明答应了农夫的请求，他提出的要求一一得到了满足。农夫看着自己的农作物长得又高又漂亮，于是跪下双膝，感谢神明对他的帮助，但就在这时，妻子的哭声从远处传了过来。原来，他妻子拨开小麦的外壳时，才发现里面是空的——因为小麦在毫无外力的干扰下长得太好了，反而结不了果实。

于是，农夫又跪在地上，但他这次祷告的内容却发生了变化："神明啊！求你明年赐给我足够多的麻烦，让我的小麦在考验中长得壮实一些吧。"

对于现在的孩子而言，父母总是想方设法排除一切干扰，想让其顺利成长，惟恐自己的孩子遭受艰难困苦，能够替孩子承受的，他们都"承包"了。久而久之，就像故事中的农夫一样，为小麦提供了极其优越的成长环境，但是结果却是颗粒无收。父母这种近似农夫的行为，致使孩子的心理承受力相当脆弱，一点点的挫折或失败都有可能酿成一场惨祸悲剧。

一家公司招聘职工，一位高材生去考试，发榜后，见没有自己的名字，便跳河自杀了。结果发现他考的分数是第一名，是公司人员在抄分的时候抄漏了。高材生跳河时被人救起，闻知自己是第一名便去报到，老板却无论如何也不肯要，理由是："遇到这么一点挫折便要跳河，到公司遇到更大的挫折怎么办？"

这是媒体上疯传的一篇文章。这件事时时刻刻在为我们敲着警钟。如果孩子缺少甚至根本就从未经历过挫折和磨难，那么适应力从何而来，遇到挫折又怎么承受？没有应对挫折的能力，人生的理想又从何谈起？

近年来，挫折教育越来越引起人们的关注。其实早在远古时代人类就已经有了挫折教育。在一些原始部族里，少年男子如果想拥有成年人的权利,被社会所接纳,必须要通过一次优胜劣汰的近乎残酷的考验:大人们把这些男孩放到一个没有人烟的、野兽经常出没的恶劣困境中,让他们品尝孤独和挫折的滋味,学会面对和战胜各种困难。只有经过千辛万苦奋力挣扎返回部族居住地的男孩,才能证明自己已是个成年人,是个真正的男子汉,他才能享有成年人的一切权利。

这种考验可以说是人类早期挫折教育的雏形。现代社会里,尤其是一些发达国家,由于物质生活条件优越,就更加重视对下一代进行挫折教育。

日本很早就开始对孩子进行挫折教育。如定期向学生供应清汤萝卜和粟粒煮成的"饥馑午餐",目的是让他们了解父辈的艰苦生活。学校还规定了穿短裤、短裙的日子,这一天,哪怕气温再低,全校学生一律都要换短裤或裙子;在学校规定的穿长衣的日子,无论天气多热,学生们都必须换上长衣长裤……

困难和挫折,对于成长中的孩子来说,是一所最好的大学。无论什么人,只要他没有尝过饥与渴的滋味,他就永远也享受不到食物和水的甜美,不懂得生活到底是什么滋味;一个孩子,如果他没有经历过困难和挫折,就品味不到成功的喜悦,没有经历过苦难,就永远感受不到什么叫幸福。

挫折可以使人趴下,也可以使人奋起;挫折可以使人退缩,也可以使人前进;挫折可以使人自暴自弃,也可以使人重整旗鼓。20世纪70年代,中国科技大学的"少年班"全国闻名。在当年那些出类拔萃的"神童"里,就有今天的微软全球副总裁、IEEE最年轻的院士张亚勤。但在当时,全国大多数人都只知道有一个叫宁铂的孩子。20年过去了,宁铂悄悄地从公众的视野里消失了,而当年并不知名的张亚勤却享誉海内外,这是为什么?

归根结底,是他们抗挫能力的差别导致了今天的差距。因为成长过程过于顺利,致使宁铂很难有勇气面对失败。大学毕业后,宁铂虽然强烈地希望报考研究生，但他一而再、再而三地放弃自己的希望。因为他太害怕失败了。而张亚勤在挫折面前勇于进取，不怕失败，从而铸就了他今日的成就。

　　"挫折教育"其实就是使孩子不仅能从外界的给予中得到快乐，同时也能从内心激发出一种自寻快乐的本能。

尝试让孩子在不断犯错中长大

很多家长都能够放手让孩子自己去完成一件事情，但却接受不了孩子屡屡犯错。针对这类家长，我想先问问，你们有没有玩过一种一枪打死鸟游戏？

在一枪命中鸟的要求下，你会不会出错？当然会。孩子会不会出错？当然会。那么，我想问一问这类家长，当你出了偏差的时候你会怎么想？你可能会想："无所谓，我再稍微练习一会儿就会了。"或者你看到旁边的人也同样失败时，你会想："还好，不是我一个人错，他也犯了这样的错。"可是，如果让你站在旁观者的角度，你会怎么想？"怎么又错啦？""这么简单，怎么能错呢？"没错吧，朋友们？

所以说，立场是家长错误使用评判标准的一个重要原因。其次就是家长们望子成龙的急切心情导致了对孩子苛刻的要求。但是，我想请家长们冷静地思考一下，如果一个人没有犯过错，那么他怎么能总结出避免犯错的经验？没有经历和经验，又从何谈成长？更何况是不谙世事的低年级孩子。因此，家长不但不能限制孩子出错，甚至还要提供机会让孩子犯错。

曾经有一位家长发现自己的孩子做事不负责任，为了培养孩子的责任心，他要求孩子多参与家庭劳动，例如包饺子，他就要求孩子也加入进来。在教孩子包饺子的过程中，刚开始他还算有耐心，但随着孩子出错越来越多,他的耐心也到了极限,"你干什么都干不成!"注意,孩子第一次参与包饺子活动就被家长全盘否定了。再者说,包饺子跟别的事情有关联吗?为什么说"干什么都不成"?

这种现象,我们家长一定都非常熟悉。孩子本来兴致勃勃地尝试和体验,最后被你打击得兴致全消了。其实,原因真的在于孩子吗?在整个过程中,究竟谁出了问题?我来告诉你,是"爱"出了问题。

中国有一句话:"爱得越深,恨得就越深。"我把这句话改了——"爱得越深,希望就越高。"还记得你经常对孩子说的话吗?"妈妈小时候家里没有钱,所以没有机会上学。""妈妈小时侯家里孩子多,所以没机会弹钢琴……"

我想问,家长们,你小时候的梦想真的是读书和弹钢琴吗?你真的能够保证从头练到尾吗?别忘了,"己所不欲,勿施于人"。难道依仗着你作为爸爸、妈妈对孩子所谓的"爱",你就可以把自己不欲的东西以爱的名义强加给孩子吗?

问一下孩子自己的想法吧,给他一个犯错的机会,让他在自己的错误中慢慢长大,而不是在你的呵护或者训斥中拒绝长大。

培养孩子的坚强意志,增强抗挫折能力

人的一生是经过从出生到死亡的漫长时间,它就像一条很长很长的道路伴随着我们的人生。然而这条道路并不好走,所以我们需要坚强的意志来带领我们走入人生道路的深处。

古人曰:"锲而不舍,朽木不折;锲而不舍,金石可镂。"可见,坚强的意志对于人生有着极大的作用。莎士比亚的"我们的身体就像一个园圃,我们的意志就是这园圃的园丁。无论我们插荨麻、种莴苣,栽下牛膝草,拔起百里香,或者单独培育一种草木,或者把全园种得万卉纷呈,或者让它荒废也好,或者把它辛勤耕耘也好,那权利都在于我们的意志。"也是从某种角度上说明了人生需要坚强的意志。

在讲到坚强意志的时候,我经常会给孩子们讲一个故事:

兔子的胆小是出了名的,经常受到的惊吓总是像石头一样压在它们的心上。

有一次,众多兔子聚集在一起,为自己的胆小无能而难过,悲叹自己的生活中充满了危险和恐惧。

它们越谈越伤心,就好像已经有许多不幸发生在自己身上,而这也就是它们之所以成为兔子的原因。到了这种地步,负面的想象便无止境地涌现出来。它们怨叹自己天生不

幸，既没有力气和翅膀，也没有牙齿，日子只能在东怕西怕中度过，就连想要抛弃一切大睡一觉，也有什么都听得见的长耳朵的阻挠，赤红的眼睛也就变得更加鲜红了。

它们觉得这种生活是毫无意义的，这又成了它们自我厌恶的根源。它们都觉得，与其一生心惊胆战，还不如一死了之好。

于是，它们一致决定从山崖上跳下去了结自己的生命，结束一切烦恼。于是它们一齐奔向山崖，想要投河自尽。这时，一些青蛙正围在湖边蹲着，听到急促的脚步声，如临大敌，立刻跳到深水里逃命去了。

这是兔子每次到池塘边都会看到的情景，但是今天，有一只兔子突然明白了什么，它大声地说："快停下来，我们不必吓得去寻死觅活了，因为我们现在可以看见，还有比我们更胆小的动物呢！"

这么一说，兔子们的心情顿时豁然开朗起来，好像有一股勇气喷涌而出，于是它们欢天喜地回家去了。

在现实社会中也有很多像兔子一样胆小软弱的孩子，尽管他们的思维能力和才华与其他孩子一样，但是由于性格的缺陷，不敢与人竞争，不能适应激烈的社会环境，他们长大之后，在事业和适应社会方面都有可能存在较大的困难。

家长教育孩子，就要重视培养孩子的坚强意志。因为在孩子成长的道路上，到处布满了荆棘，有着各种各样的挫折。孩子走在这条崎岖的人生道路上，如果没有坚强的意志，那么他将得不到真正的人生。如果他有坚强的意志，即使遇到挫折和失败，他也不会停下来，跌倒了爬起来，再跌倒了再爬起来。这样，孩子才能获得真正的人生，走向成功的彼岸。

其实，懦弱的儿童也可以变得坚强起来，但这需要一番巨大的努力和刻苦的心理锻炼。童年是性格形成的关键时期，只要父母的教育方法得当，孩子就会远离懦弱，变得坚强。

曾经有一个家长非常着急地找到我，让我帮帮她的女儿琳琳，详谈之后，我才知道事情的原委：

他的女儿琳琳今年快7岁了，可还是很脆弱、胆小，显得不堪一击。不但日常生活难以自理，事事要大人操心，学习上更是怕苦怕累，一点儿作业就叫苦连天，坐不住，而且心理很脆弱，被老师责怪两句就整个星期闷闷不乐，生起气来一个人关了房门可以哭一两个小时。她天性胆小，到医院打个针如同要了她的命，路上遇到一只小虫也会吓得脸色发白，一见电视里的流血场面就吓得直往妈妈怀里钻。这么大了晚上还不敢一个人睡觉，非要妈妈哄她睡熟才行，胆子完全还处于婴儿阶段，如此下去怎么得了！

我见到琳琳之后，发现她果然是个非常胆小的小姑娘。于是我给她讲故事，哄她开心。我给她讲张海迪身残志坚的事，讲古代关羽视刮骨疗伤为平常事。还陪琳琳看美国表现英雄人物事迹的电影，讲主人公久经锻炼拥有的独立性格和竞争意识，以及不畏艰险、勇往直前的不服输态度。业余时间我还陪琳琳到残疾学校接受再教育，让她了解残疾儿童是如何在缺少四肢、听力受损、双目失明等不利情况下仍然凭着一腔毅力学成绘画、书法、舞蹈的艰难历程。

最后，我跟她说："爸爸妈妈没有百万家财，也没有权力可供你利用，将来也不可能为你的舒适生活提供多大便利，一切的一切只能靠你自己，而生活不会是一帆风顺的，面对的挫折和不如意会有很多，不要奢望别人的帮助，战胜困难还得靠你自己。只有你从小培养出坚强的品质，才会化不利为有利，才不会在外人面前轻易流泪，在困难面前手足无措、六神无主，无法养活自己。"

琳琳听后重重地点了点头。后来，回家的时候，她也没有缠着妈妈牵着她，而是自己一个人走到了公交车站。

明智的父母应该从小就重视培养孩子坚强的性格。如果放弃了这么好的机会，恐怕在其今后的一生中都难以学会坚强。

选择坚强，才会坚定信念，才会斗志昂扬，才会以积极的心态挑战苦难，承受打击。

选择坚强，才会知难而进，超越自我，才会取得骄人的业绩，才会一步步走向成功。

家长们不妨看看身边的亲友、同事，那些事业有成的人都是具有良好意志品质的人。意志品质不是天生的，主要靠后天的教育培养。一个孩子，在幼儿和小学低年级时会表现出意志品质的初步状态，从小学三四年级开始，意志品质的各个因素发展很快。因此，我们必须从小抓紧对孩子意志品质的培养，一点儿也不能放松。

无所畏惧的精神会让孩子突破困境

对于孩子来说,无所畏惧、克服胆怯其实就是勇敢品格的表现。那么,孩子如何才能具有这种品格呢?这就需要父母的悉心培养。

训练营里有一个叫李威的小男孩,特别胆怯,做什么事都是畏东畏西的。后来他的爸爸就把他送到了我的训练营里,希望我能帮助他变得勇敢坚强。

其实,孩子胆小怕事,很多时候是因为他们对某件事或是某种东西存在着畏惧的心理,李威就是一个特别害怕黑暗的孩子。每天一到晚上,他就变得异常胆小。发现了这一点,我决定就从他的这个"软肋"下手,帮助李威。

一天晚上,我把李威叫到办公室陪我做教案。我坐在桌子旁,伴着灯光做记录。李威趴在我对面,静静地看着画册。

"李威,你能到楼上,从壁橱里把老师的一份文件拿来吗?"我不经意地抬起头,问他。

李威没有动,依然在全神贯注地盯着画册。

"李威!"我又喊了一声,以为他没有听见。

"王老师,别让我去可以吗?我害怕!"李威小声地说。

"怕什么?"我放下手中的笔,假装好奇地问。

"那儿黑。"

第六课 挫折教育:给孩子承受挫折的机会

"黑是什么呀？其实，它只是一个影子而已。"我把手伸向灯与桌子之间，"现在桌子上被老师的手挡住的部分是黑的，但只要我把手移开，它就亮了。来，李威，站在灯与墙之间。看！你的影子在墙上了。你说，你的影子会伤害你吗？"

"我相信它不会伤害我的。"

"孩子，黑暗只是笼罩万事万物的大影子，它并不可怕。"

"王老师，那是什么制造的大阴影？"

"当你再长大一点后，你会明白的，李威。现在，我希望你能成为一个不再害怕影子的勇敢男孩。你敢到楼上把我的文件拿来吗？"

"我敢，我这就去拿给您，保证完成任务！"李威立即拍拍胸脯，像个勇敢的男子汉。

"谢谢，我勇敢的小男子汉。你看黑暗并没有伤害你。"接过文件后，我和李威同时笑了。

通过这件事以后，李威开始不那么害怕黑暗了。

除了李威，还有一个小女孩的例子，也很典型。她平常都被妈妈照顾得非常好，因为怕耽误她学习，她妈妈平常什么事都不让她干。但是，突然有一天，她父母离婚了，她妈妈发现自己得了乳腺癌，她非常担心小女孩一个人会没人照顾。我就给她妈妈制定了方案。

我说小女孩的学习不用担心，一定要努力训练她的独立性。所以在训练营里很多同学都不做的事情，我让她去做。一开始她也不理解，但是后来慢慢地，她就跟我说："王老师，我要当医生，我要把你冻起来。"我说："为什么？"她说："等我长大再把你化开，这样我们还是朋友。"

其实我能发现，孩子隐隐约约很害怕失去什么，不够坚强，就这样，经过一段长时间的训练，包括我让她妈妈不给她做饭，让她给妈妈做饭，我说："你除了学习好外，还要肩负照顾你妈妈，让你妈妈过得快乐的责任。"后来，她不仅学会了给妈妈做饭，而且还把妈妈照顾的非常好。

　　日子一天一天过去，小女孩不但学习成绩很好，小学一直都是队长，而她妈妈做完手术后恢复的也特别好。现在，女孩已经从小学升到了北京很牛的中学，一直到快升高中的时候，我们都还在不断联系，她妈妈很信任我，这个女孩也很信任我。

　　一般来说，胆怯的孩子其意志力大都较为脆弱，遇到困难时总是选择退缩，父母就更应放手让他们自己活动，有意识地培养孩子克服困难的能力。而对于天性活泼、好表现自己的孩子，则要多指点，多约束，给他们创造"逆境"，多设障碍，以磨炼孩子克服困难的毅力，减少孩子鲁莽的行为。

　　坚强的意志力不是天生的，而是在困难中磨炼出来的。父母要让孩子从小就认识到挫折、困难是不可避免的，要让孩子学会用坚强的意志力勇敢去面对它，战胜它。

我的建议：父母应该如何培养孩子战胜挫折的能力

建议一：父母要学会把孩子推出自己的世界

几乎每一个家长都热衷于"教"孩子。在他们看来，孩子不教就不会，必须得教。于是，他们把孩子带进自己的世界里，喋喋不休地说：孩子，告诉你，要这样，不要那样；来，跟妈妈（爸爸）学……

其实，孩子不需要我们"教"，家长的"教"只会把孩子局限在成人的世界里，让他们失去了遭遇挫折的机会和战胜挫折的能力。

在我的训练营中，有这样一位聪明的"妈妈"：

> 儿子执意要学骑自行车，妈妈就对孩子说："那好呀，你一定要坚持学会才行。"于是，妈妈就带着儿子去学骑自行车。刚开始，儿子怎么也骑不好，一定要妈妈推着他才行。后来，妈妈把他带到有小朋友骑自行车的场地去，先让儿子看别的小朋友骑。
>
> 看到别的孩子骑得自由自在，儿子也想试一试。可是，他怎么踩也踩不动，急得直叫："妈妈，妈妈，帮我推一下。"
>
> "你老让我推你，所以你总是骑不动。你用劲往下踩就行了。"没办法，儿子只好拼命踩，居然真的动起来了。但是

走了没多久就翻车了,儿子摔在地上疼得大哭。

看着儿子坐在地上哭,妈妈也很心疼。但是,妈妈想到的是应该锻炼孩子的胆量和意志。于是,妈妈狠狠心对儿子说:"男子汉是不能哭的。快站起来,继续骑吧。"这样,儿子只好自己站起来继续骑,儿子不仅学会了骑车,而且锻炼了坚强的意志。

生活善于自理的孩子往往是个坚强的人。在生活中,他会表现出坚强的一面,在面对挫折和困难时,他会用自己的能力去处理这些问题,不会无所适从地退缩。

因此,父母要让孩子学会自己生活,让他自己去面对生活。譬如:夜间让孩子独立上厕所,自己到牛奶站取牛奶。经过这些锻炼,以后当父母暂时离开时,孩子能够自己待着而不害怕;当发生意外情况时,也能够不惊慌、不哭泣。这些看起来是小事,但是对培养孩子坚强、勇敢的品格很有益处。

在人们面对困难的时候,都有两种态度可以选择:一种是失望、退却;一种是积极接受考验,在困难中锻炼自己。尤其是对于孩子,受挫折以后,难免会垂头丧气,采取逃避的方式。这时,就需要父母的引导,鼓励孩子面对现实,勇敢地向困难发起挑战。

建议二:请不要把孩子当成一个弱者

不要把孩子当成一个弱者,他只是比你经历的少一些而已。如果你给他更多的机会,让他自己去经历一些事,而不是活在你的关注圈内,你会发现,孩子远远比你想象得要坚强得多。

我们训练营有一个叫小明的男孩,有一天他跑来跟我告状说:"王老师,妈妈一点也不爱我。"我很疑惑,就问他:

"为什么这么说啊?"他就跟我讲了这样一个故事:

星期天,小明和妈妈一起去游乐场学滑旱冰。

小明玩得很尽兴,在回家的公交车上,因为是周末,车上人很多,座位已经被坐满了。

他撒娇地对妈妈说:"妈妈,我好累啊,要是有把椅子该多好啊!"这时,一位老爷爷站起来冲着小明说道:"孩子,过来,来爷爷这坐。"小明高兴极了。正想跑过去,却被身后的妈妈拉住了。

妈妈对那位老爷爷说:"大爷,没事。您坐吧,他还小,身体很壮。不需要座位。"

小明觉得特别委屈,就有了他来跟我告状的一幕。于是我跟小明说:"你觉得自己很需要那个座位吗?"小明摇摇头,又点了点头。我又接着问:"如果没有那个座位,你能站住吗?"小明毫不迟疑点了点头。"如果那位老爷爷离开了座位,你觉得他能站住吗?"小明这次摇了摇头。"你觉得座位应该给谁坐呢?""给老爷爷。""对了,妈妈认为小明是一个坚强、懂事的孩子,所以才会把座位让给更需要的老爷爷坐,对不对?"小明再次点了点头。

如果我们想让自己的孩子变得更加坚强,就千万不要把孩子当成弱者看待。父母可以教给孩子在长跑的艰难时刻给自己下命令:"坚持到底"、"再坚持一下"等。无论什么事,只要能够做到一个"韧"字,就能够成功,父母应该让孩子自己去面对、克服生活中的困难,只有这样才能成就孩子坚强的意志。

建议三:有意地设置障碍,培养其面对挫折的能力

任何人在成长的过程中,都要经历难以计数的挫折。如果孩子的道路一向平坦，做事顺心，那么一旦遇到困难，就会束手无策，情绪紧张不知所措，从而走向失败。所以父母在孩子成长的过程中，应有意识地创设挫折困难情境，让孩子获得对挫折的适应能力，以培养孩子更好地解决问题的能力，使他们遇到困难时有足够的心理准备，并能冲破阻碍，实现目标。

在这一方面，日本父母的做法就值得我们借鉴：

> 在日本，许多家庭都采用让孩子赤足、赤裸上身跑步锻炼的做法。在清晨，让孩子穿着短裤、赤着脚在院子里跑，每天父母把孩子送到幼儿园，孩子做的第一件事就是进行经受寒冷的训练。经过这些锻炼，孩子的意志变得坚强，对抗挫折的能力就会提升。

父母在日常生活中，可以根据环境为孩子设置一些接近现实的小障碍，比如，孩子做作业遇到了困难，不要急于告诉他答案，应该让他自己多思考，独立地去解决。作为父母，只是适时地加以指导、启发。但是，为孩子设置障碍时必须结合孩子的年龄特点，障碍难度要适中，否则，难度太大易造成孩子的失败，多次的失败，极易引起孩子的自卑。

建议四：鼓励孩子"适度冒险"以增强其面对挫折的勇气

据说，很久以前人类居住在灌木丛中，为了熟悉周围的环境、保卫自身的安全或者寻找食物，就必须往高处去。当对周围产生兴趣并开始关注周围的一切时，人类就开始了向高处移动。

这一习性也被顽皮的小孩子继承了下来。许多孩子常常爬树或者爬到很高的地方，做妈妈的每天为此提心吊胆、担惊受怕。由于过度担心，很多母亲非常苦恼，却不知道应如何制止孩子。有的对孩子的行为大加训斥,有的干脆强行把孩子从树上抱下来。

但是,假设登高是人类的本能行为,那么对此进行干涉会带来什么样的后果呢?孩子们之所以想往高处爬,一定是对周围的事物产生了浓厚的兴趣,想去了解它们、认知它们。这是一种好现象。如果对此进行干涉或者制止,稍有差池,就有可能毁坏从孩子身上萌生出来的兴趣之芽。

不要轻率地否定孩子想要试一试自己能力的举动,说些"你做这个还早呢!""那可不行啊!太危险!""太吓人了,可不能干啊!"的话,那样说,孩子就会对尝试新事物失去信心,不敢做没有做过的事情。果真去做了,一旦做不成,心理上就会有一种挫折感。

作为父母,应该让孩子"适度冒险",这样才能培养孩子的抗挫折能力。当孩子失败时,让他重来,这种实战练习,是最有效的。比如:在孩子第一次摔倒时,父母要对孩子说:"别怕,摔一下算不了什么,我知道你很勇敢。"

这里要注意,"适度冒险"要结合孩子的年龄特点,还要有一定的防护措施,确保不出事。

在人们面对困难的时候,都有两种态度:一种是失望、退却;一种是积极接受考验,在困难中锻炼自己。尤其是对于孩子,受挫折以后,难免会垂头丧气,采取逃避的方式。这时,就需要父母的引导,鼓励孩子面对现实,勇敢地向困难发起挑战。

建议五:及时疏导,帮助孩子正确理解挫折

父母应该做孩子生命中的大树,当孩子真的受到了挫折以后,作为父母不能置之不理,采取"无视"的态度,而应及时疏导,帮助孩子认识挫折,分析挫折产生的原因,进而正确理解挫折。认识到挫折本身并不可怕,最重要的是选择积极的态度面对挫折,这才是成功的关键。

有的孩子在逆境中易产生消极反应，往往会垂头丧气，采取退避的方式。要改变这种现象，就必须在孩子遇到困难时，教育孩子勇敢面对挫折，向困难发起挑战。例如，当孩子登山怕高、怕摔跤时，就应该鼓励孩子说："别怕，你行的！摔一跤算什么！"当孩子一次次战胜困难时，他们便会增添勇气，激起战胜困难的愿望，害怕的心理就会消失，自信心就会增强，抗挫折能力也就培养起来了。

建议六：告诉孩子什么是真正的勇敢

由于孩子年龄尚小，有时缺乏对事物的正确判断力。孩子们自以为是勇敢的事，其实是荒谬的。这时父母就要不失时机地对孩子进行正确的教育，告诉孩子什么才是真正的勇敢。

真正的勇敢并不是遇到任何事情就鲁莽地冲上去，甚至有时只是为了博得同伴的一声喝彩。真正的勇敢是需要爱心的，是要有目标的，需要面对危险时无所畏惧的精神。作为父母可以通过给孩子讲一些有关勇敢的故事或是在合适的时候就事论理来让孩子明白这些道理。

建议七：让孩子在生活中学会坚强

有位家长曾告诉过我她教育孩子的一件事，让我感触颇深。

有一天，妈妈让梅梅去买豆腐。

梅梅端了一个盘子蹦蹦跳跳地就出去了，在回来的路上不小心摔了一跤，豆腐全掉在了地上，她一边哭着一边端着空盘子回家了。

妈妈问她怎么哭了，梅梅如实说明了原因。妈妈说没事，下次小心点。然后又让她重新去买豆腐，并再次叮嘱她路上小心。

梅梅又蹦蹦跳跳地去买豆腐了，回来的路上她非常小心地端着盘子，可是到了家门口，迈门槛时不小心又摔了一跤。她哭得很伤心，非常害怕被妈妈批评。姐姐把梅梅扶起来，说："妈，让我去吧！"妈妈过来给梅梅掸了掸身上的灰尘，平静地对她说："梅梅，再去一次，妈等着做菜哪！"

梅梅又去了，还是端着那个摔了两次的铁盘子。梅梅已记不清用了多长时间才把豆腐买回家，总之是很长很长时间，因为她每迈一步都格外小心，最终安全地回到了家，把豆腐交给了妈妈。

这位妈妈很聪明，她既没有责备孩子的失误，也没有因此让孩子放弃，而是鼓励孩子战胜困难，学会坚强。只有让孩子在生活中锻炼，养成坚强的意志，才能使其在将来的竞争中立于不败之地。

父母要告诉孩子：生活就如同品茶，只有那些不怕苦、不怕涩，耐心品味的人，最终才能品尝到生活的甘甜。如果一尝到苦味就烦躁不安甚至轻言放弃，那他永远也尝不到幸福的滋味。

第七课

学会负责任：让孩子成为一个负责任的人

责任是父母必须给孩子上的一堂课。在帮助孩子学会承担责任的时候，看到孩子承担的压力和痛苦，父母必须要明白，这是他们必须经历的痛苦，是他们成长中必须付出的代价，没有任何人能替他们承担。我想，学完这堂课之后，家长们就会明白，让孩子成为一个负责任的人对他的人生来说是一件多么重要的事。

责任心铸造孩子坚毅的灵魂

我们先来看一则这样的故事：

　　一位美国心理学家到一个中国人家中做客，主人两岁多的小宝宝在客厅里跑动，不小心被椅子绊倒，大哭起来。
　　当妈妈赶紧跑过来抱起小孩，然后一边用手打椅子一边说：
　　"宝宝不哭，妈妈打这个坏椅子，妈妈打这个坏椅子。"
　　心理学家见此情景不禁有些狐疑不解，过了一会儿，她对这位母亲说：
　　"这跟椅子没关系，是他自己不小心被椅子绊倒了，是他自己造成了这样的结果而并非是椅子的错。你应当让他知道，如果是他做错了什么事，责任就应当由他自己来负。这样他长大后就会慢慢懂得，在他与这个世界发生关系时，他所应负的责任是什么。"

　　是啊，我们每个人都应该为自己的行为负责，都要承担相应的责任。这是父母在教育孩子时一定要着力培养的。
　　有一次，我们训练营组织去国家公园野餐，老师将需要带的东西分派了下去，由班上的每个同学负责回家准备一项。同学们有的负责去超市买食品，有的负责准备烤肉的炉子，有的负责准备所有的餐具……而磊磊分到的任务是负责准备烤肉所用的调料。

磊磊期盼这次野餐已经很久了，因此，消息一得到确认，磊磊就开心地蹦了起来，直到放学回家，他都开心地楼上楼下地欢呼着。妈妈提议磊磊列一个单子，把需要带的东西先想好、写好了，然后交给妈妈检查，这样不但可以防止遗忘，还可以防止没有经验的磊磊漏拿了东西。

但是磊磊说要先出去跟小朋友们宣布这个消息，回来后再列清单。他说："放心吧，爸爸妈妈。我会带好的，别担心。"

妈妈虽然不是很相信他，但一想，这是一个很好的锻炼机会，就没有再要求他必须马上列出清单来。结果，小磊磊在外面玩了整整一天，临到晚上该睡觉的时候他才匆忙跑到厨房里收拾。

第二天，当全班同学准备就绪，开始野餐时，小磊磊却怎么也找不到烤肉汁，他惭愧得低下了头。我走到磊磊身边，问他怎么了。他就跟我说了这件事的经过。

我就趁机跟他说："你觉得忘记带烤肉汁这件事最严重的后果是什么？"

"是大家都吃不到好吃的烤肉了。"

"对，这就是责任心。如果你事先想到会有这样的后果，你的责任心就会提醒你先把需要的东西都想好，写好，不要落下任何一件重要的东西。因为你肩负着让大家吃上美味的烤肉的责任，对不对？"

"对。"

"那我们以后一定要做一个有责任心的孩子，好不好？"

"好。"

从那之后，磊磊再也没有犯过同类的错误。

所以说，孩子的责任心是非常重要的。培养孩子的责任心，不仅是要他做一个负责任的人，还要培养他勇于担当的坚毅品格。父母应该从日常小事入手，培养孩子的责任心。

高度的责任感成就孩子的美好未来

十几年前的我也是众多普通孩子中的一员,那时的我淘气、调皮、任性、不努力学习,让家长伤透了脑筋,乃至高考的时候,我以9分之差与北大失之交臂,最终成为了一名教师。光阴荏苒,我已经从事教师职业整整8年了。8年的时间,我拿着麦克风不停地去全国各地演讲。工作期间我的嗓子经常会哑掉,我的朋友们经常会笑话我:"你都当了8年老师了,讲课还会把嗓子讲哑,你真是太不会用嗓子了。"我通常都会莞尔一笑,此时,我在心里就会暗暗地想:"我当了8年老师,有的只是一些教学经验,之所以会把嗓子讲哑,是因为在我的孩子、学生面前,我要用我的真情,我的热情,乃至我工作的激情去感染他们。"

这都源于我作为一名教师的强烈的责任感。当我看到孩子们兴奋的表情,看到家长们欣慰的眼神,我觉得这是对我工作的最大肯定。

歌德曾经说过:"责任就是对自己要去做的事情有一种爱。"

普列姆昌德也说:"责任感常常会纠正人的狭隘性,当我们徘徊于迷途的时候,它会成为可靠的向导。"

美国著名心理学博士艾尔森曾经对世界100名各个领域中的杰出人士做过一次问卷调查,结果让他十分惊讶——其中

第七课 学会负责任:让孩子成为一个负责任的人

61%的人承认,他们所从事的职业,并不是他们内心最喜欢做的,至少不是他们心目中最理想的。

既然他们不满意现在的职业,那怎么还会取得辉煌的业绩呢?难道仅仅因为聪明与勤奋吗?纽约证券公司的金领丽人苏珊的经历,为艾尔森寻找答案提供了启示。

苏珊出身于中国台北的一个音乐世家,她从小就受到了很好的音乐启蒙教育,非常喜欢音乐,期望自己的一生能够驰骋在音乐的广阔天地,但她阴差阳错地考进了工商管理系。一向认真的她尽管不喜欢这一专业,可还是学得格外刻苦,每学期各科成绩均是优异。毕业时被保送到美国麻省理工学院,攻读当时许多学生可望而不可及的MBA。后来,她又以优异的成绩拿到了经济管理专业的博士学位。如今她已是美国证券界的风云人物。

艾尔森博士直截了当地问她:"既然当初你不喜欢你的专业,为何你学得那么棒?既然现在你不喜欢眼下的工作,为何你又做得那么优秀?"

苏珊的眼里闪着自信,十分明确地回答:"因为我在那个位置上,那里有我应尽的职责,我必须认真对待。不管喜欢不喜欢,那都是我自己必须面对的,都没有理由草草应付,都必须尽心尽力,尽职尽责,那不仅是对工作负责,也是对自己负责。责任感可以创造奇迹。"

"热爱是最好的教师","做自己想做的事",这些话已经是句耳熟能详的名言。但是,"责任感可以创造奇迹",却容易被人忽视。

很多时候,提到责任心,家长们会想这是成人的事情,孩子还小,不需要对什么事情负责,也不需要培养负责的精神。但我说,错了!孩子更需要负责!高度的责任感能够使人赢得社会的尊重与认可，而且这种责任感必须要从小培养。

　　孩子们在成长的过程中并不是事事如意的，他们常常会被要求做一些不喜欢做的事，但又不可更改。这时，任何的抱怨、消极、懈怠，都是不足取的。家长要教育孩子学会负责，惟有把事事当作一种不可推卸的责任担在肩头，全身心地投入其中，才能做出正确与明智的选择。只要有高度的责任感，即使处在自己并非最喜欢和最理想的位置上，也可以创造出非凡的奇迹。

第七课　学会负责任：让孩子成为一个负责任的人

赋予责任，让孩子做推动时代车轮的人

在任何一个单位，包括任何一个集体里面，凡是被人信任的过程就是体现我们被赋予责任的过程。试想一下，在一个企业，当领导把一个重要的责任托付给任何一个人的时候，那么他一定是发自内心地信任那个人的。

引申到教育中，从家长角度来讲，我们给了孩子责任的同时，也体现了家长对孩子的信任。现在的家长，大多不肯让孩子承担责任，一方面是他们太爱孩子，另一方面体现出来的就是对孩子的极度不信任。

从孩子被赋予责任的角度来讲，当孩子发现自己被别人信任，被别人重视，被别人委以重任的时候，他的内心一定是自信的、积极的、正面的、阳光的。而当孩子没有被赋予责任的时候，他会觉得自己是不被肯定，不被信任的，从而变得自卑消极，甚至对自己的未来失去信心，失去目标。

另一个方面，责任换个说法其实就是拼搏。家长们可以想一想，那些拼搏向上、勤奋努力的人为什么能够坚持不懈？我曾经在多场讲座中都说过，任何一个努力的人在他的拼搏过程中都有两个方面：一个是他为了自己以外的其他亲人朋友，或是为了他的事业，为了社会，这里面是有感情做基础的；而另一个就是，这些努力的人一定有着高度

的责任感，责任心。比如说，一个企业的老板，他最初做生意时或许是为了金钱，为了让家人的生活舒适，但当他有了钱以后还去拼命工作时，就不仅仅是为了赚更多的钱，而是因为强烈的责任感、使命感在督促着他——他要为整个公司负责，为整个团队负责。

因此，当孩子成绩不好时，家长不要一味地埋怨孩子没有出息，而要从自己的身上找原因。如果孩子是为了成绩而学习的话，那他一定不会有太大的动力。成绩好点，或许孩子还会对学习产生点兴趣，一旦成绩不好，那他一定会失去学习的动力。因为成绩的好坏，对孩子来说似乎是没什么用的，他根本体会不到成绩的好坏对他未来的影响。因为父母把所有他要的都给他了，他会觉得学习不好也没什么，对未来负责这种感觉他是完全体会不到的。所以，当孩子不好好学习时，家长不要怪孩子，那是因为你们没有为孩子树立起强烈的责任心。

有了责任感才会有动力。家长在教育孩子时，一定要从生活的点点滴滴开始培养孩子的责任感，而家长首先就做好榜样。

举个例子说，有多少家长曾经心血来潮给孩子买过各种各样的小动物，但是又有多少家长因为工作繁忙，因为孩子不太听话，放弃甚至抛弃了那些小动物？家长们是否想过，自己这样的举动就是一个不负责任的例子。在培养孩子的责任心时，不一定要把小动物照顾得多么周到才算，其实养猫、养狗都不重要，重要的是家长要教育孩子对自己所养的猫、狗负责任。

每个人来到这个世界，都有自己要承担的责任，家长有家长的责任，孩子也有孩子的责任，只不过很多时候，家长把孩子应该承担的责任都承担了，这样很不利于孩子的健康成长。因此，随着孩子年龄的增长，家长要放手让孩子去承担责任，只有这样，他才会让自己活得更好，更精彩，因为这是他来到这个世界的责任。

在我的训练营里，有一个叫申虎的孩子，给我的印象特别深刻。因为当时认识申虎的时候，他还是个初中的孩子，染着一头黄毛，穿着奇装异服，显得个性而另类。

他刚到训练营，对我说的第一句话就是："王老师，我先跟你说好，我爸妈把我弄到这来，就是想他们自己在家里清静清静，在这你别管我，我也不给你惹麻烦，你给我面子，我也给你面子。"我一听这话，就觉得这孩子身上的社会习气太严重，就想怎么能帮他。后来在训练营里我慢慢发现这个孩子确实很较劲，如果你管他，他就直接顶撞你，但如果你顺着他，这孩子其实也挺懂事。于是，我就给了申虎一个职责，让他当一个小队的队长。他开始挺没把握地说："我从小学到现在就没当过官，天天都是别人管我，谁见了我都说我不好，我还能管别人吗？"我很肯定地点点头，示意他能行。

自打当上那个队长，给他赋予了这样的责任以后，我发现申虎的变化非常明显。他开始不再在队友面前干一些不该干的事，队里有什么事他也是第一个冲在前面。我就假装跟他较劲说，在训练营这五六天看看他能不能约束自己，有没有这个本事管好别人也管好自己。结果他一跟我较劲，做得确实挺好。

有一天，上责任课的时候，他的队友谈到他对团队的付出，都哭了起来，申虎看到队友们对他的肯定，也情不自禁地哭了。下了课，申虎跑过来跟我说："王老师，我知道你为什么让我当队长了。前两天我还一直非常自豪，以为是你瞧得起我，今天上完责任课我终于明白，你让我当队长是为了让我明白承担责任的重要。想想我的身边有那么多人给我承担了责任，但我没有一点点感激，今天我才发现，每个人都要对自己的行为负责，也要对身边的人负责。"

在训练结束后的第三天，申虎回来找我，我发现他的头发已经变回了黑色，衣服也不再是奇装异服。他告诉我，从训练营一直到回家他都没有再抽过烟，也不会再去喝酒，因为他要为自己的未来负责，要为父母负责。

我看着这个个性豪爽、仗义的大男孩，觉得很是欣慰。我建议他去考军校，做一个军人，因为那种军事化的管理、严格的环境很适合他的成长。

从一个抽烟喝酒打架斗殴的孩子，变成一个军校的孩子，再成为现在的军官，申虎的改变让我看到了责任的力量。

任何一个伟大的、有成就的人物，都有着强烈的社会责任感和时代责任感。家长们，如果你期盼你的孩子不仅仅是在学习成绩上优秀，同时还希望他成为一个推动时代车轮的人，那就要从小培养孩子树立起对这个社会、这个时代的责任感。

我的建议：父母应该怎样培养孩子的责任感

建议一：父母以身作则，敢于承担责任

责任心是一种习惯性行为敢于承担责任的心态，也是一种很重要的素质，是成为一个优秀的人所必需的。

在培养孩子的责任感的同时，父母更应该以身作则，敢于承担责任。父母在孩子面前，要有超强的责任感——家庭责任感，工作责任感，甚至社会责任感。你会不会好好赡养你的父母？你会不会认真对待你的工作？家长有家庭责任感，孩子也会有这种责任感；家长认真对待自己的工作，孩子也会认真地对待他的学习。

建议二：培养孩子的责任心，必须从小处抓起

如今的独生子女，优越感特别强，有父母这座大靠山，什么事都不在乎，有事由父母"兜着"。所以对自己的一言一行，所作所为，总是大大咧咧、马马虎虎，缺乏责任心和责任感。这样的孩子长大以后怎么会对家庭负责，对他人负责？

因此，父母培养孩子的责任心，必须从小处抓起，要言必行，行必果，教育孩子为自己的承诺负责，为自己的行为负责。

建议三：让孩子积极参与各种家庭、学校集体类的活动，甚至决策

什么叫责任感？这个事情的决策是谁做的，谁就要对这件事负起责任。家长在培养孩子责任心的时候，可以让孩子积极参与各种家庭、学校集体活动，或者社会活动，并给孩子决策的权利。当孩子下定决心的时候，他会义无反顾地去执行，就算出现了失误，他也会勇敢承担责任，并能够负责到底。

建议四：容许孩子有犯错的行为

孩子表现出良好的行为，父母应给予适时、适量与适当的鼓励；犯错违过时，父母也应给予其承担责任的机会，并施以更多的支持与鼓励。

"人非圣贤，孰能无过。"孩子犯错了，父母可协助孩子承担后果，并鼓励其勇于负责。

梁启超说过："凡属我受过他好处的人，我对于他便有了责任。凡属我应该做的事，而且力量能够做到的，我对于这件事便有了责任。凡属于我自己打主意要做的一件事，便是现在的自己和将来的自己立了一种契约，便是自己对自己加一层责任。"

可见，拥有责任感对一个人来说是十分重要的。孩子是社会的未来，培养孩子的责任心要从小开始。有责任感的人，不管遇到多少困难与风浪，都会把这种责任挑于肩上，乘风破浪，成就不平凡的事业。

第八课

感恩的心：孩子成长的内在动力

现在的孩子不懂得感恩，已经是一个不争的事实。而在这堂课中，我们就会告诉你，有一颗感恩的心，是孩子成长的内在动力。所以，作为父母要特别注意，除了教孩子勤读书、有礼貌、守秩序外，也要培养孩子感恩的心。因为懂得感恩的人，才懂得爱，而在爱中成长的孩子才会真正地健康快乐。

感恩是改变孩子的内驱力

我曾经对我的学生进行过这样一个实验：

我发给孩子们一人一个鸡蛋，并要求他们必须随身携带，并好好保护鸡蛋。

后来我发现，好多孩子在保护这么一个小小的鸡蛋的时候，非常有责任感。有的孩子轻拿轻放，有的孩子用报纸包得严严实实，有的孩子把鸡蛋放在包里。

晚上，当我询问他们保护这个鸡蛋的含义时，孩子们都若有所思："我爸妈保护我就是这样一个过程，就像我们保护这个鸡蛋一样。"

接着，我对他们进行了感恩教育，每个孩子都深有体会。

在我带过的学生中，有个孩子叫韩斌，是一个典型的富家子弟——衣服不会洗，饭也不会做，学习也不用功，整天不是打篮球就是和伙伴一起玩，严重缺少斗志和动力，更不用说感恩他人了。

在我的训练营里，有一堂职业体验的课程。就是要让孩子去做保安、清洁工、服务员，但无论做何种工作，我都会给他们一定的报酬。

当时我为韩斌安排的是洗车工的工作，劳动一下午后，我把韩斌擦完4台汽车的10元报酬给了他。干完活回来，衣服都脏了，我就给他们发了一个盆，让他们洗衣服。当时是冬天，水特别凉，韩斌把手一伸下去，就赶紧缩了回来。他向我要热水，我没有给他，倔强的韩斌便就着凉水真的洗完了衣服。我知道，其实他已经体会到了劳动的辛苦。

当天的晚饭我没有准备，只是让他们把一天的劳动报酬拿出来买饺子皮、饺子馅儿，然后大家一起包饺子。当时韩斌一边包，一边向我征求意见，想让他妈妈来吃他亲手包的饺子。我同意了。

开始他还舍不得花钱多买饺子皮和饺子馅儿，但后来怕妈妈不够吃，他就把自己挣的钱全都买了饺子皮、饺子馅儿。当韩斌的妈妈看到儿子亲手包的饺子时，感动得泪流满面。当天晚上的饺子，韩斌一个都没有吃，全都留给了他的妈妈。

后来，他向我和妈妈保证：以后，他的衣服尽可能地自己去洗，放学回家帮助妈妈做饭，在学校一定努力学习，绝不辜负妈妈的期望。

经历了这堂课，韩斌完全变了一个人。

扭转这些孩子的行为，就要有这么一种感恩教育。

还有一个男孩叫吴佳，是高二的学生。在家里，他还有一个妹妹，比他小9岁。因为妹妹年龄小，吴佳的妈妈总是让他让着妹妹，渐渐地他就觉得妈妈太偏心，只爱他的妹妹，不爱自己，所以常常和妈妈作对，也不努力学习。

后来他到我这学习，通过聊天我发现他的心态不正确。针对吴佳的这种情况，我交给了他一项任务：给他10个年龄参差不齐的孩子，让他当队长来管这10个孩子。孩子中总有不听话淘气的，吴佳刚开始还耐着性子，后来实在没耐心了，来向我"请辞"。我没有答应他的要求，而是让他的带班老师替他们"受罚"去操场跑圈。

孩子们看着老师受罚，全都哭了，吴佳也哭了。我趁机走到吴佳身边，劝导他："一个人不仅要敢于承担责任，而且还要有一颗感恩的心。你作为孩子们的队长，愿意为自己的失职承担责任。但你作为你父母的希望，学习成绩却这么差，你承担自己的责任了吗？你对得起你父母吗？"

我拿出一封他妈妈写的信给他看。信的内容是：

"儿子，妈妈为有你这样懂事的儿子感到高兴。妈妈以前有胃病，早晨经常不吃饭。但自从有了你以后，妈妈每天早上起来为你做早饭，自己也有了吃早饭的习惯。享你的福，妈妈的胃病现在都好了，应该谢谢你。只不过最近这几年，家里有了你妹妹以后，妈妈觉得你已经长大了，就把更多的精力给了妹妹，所以常常忽略了你，是妈妈不好。其实，妈妈真的也很爱你。"

看完信以后，吴佳哭得很伤心。我知道，他已经体会到了妈妈对他的爱。

其实，孩子们并不是一出生就顽劣不堪的，他们都很善良，只是在成长中常常会忽略了父母对他们的爱。家长只要大声说出你的爱，让孩子体验父母的艰辛，经常对孩子进行感恩教育，相信每一个孩子都会变得听话懂事。

实际上，只有父母对孩子的爱才能让孩子生出感恩之心，只有用感恩之心传递爱，才能使孩子产生积极进取的内驱力。

感恩父母：最直接的感恩教育

现在在整个的教育里面，有一种很大的缺失，就是感恩教育。

对于感恩这个词，很多人总认为应该是孩子感恩父母，事实上，父母也应该感恩孩子，因为他的到来给我们带来了那么多欢乐，他的出生也给我们带来了那么多希望。

现在的父母有一个最大的问题，当孩子顺我意的时候我就喜欢他，当孩子逆我意的时候，我就不喜欢他。我们没有感恩他，反而是生气、愤怒，甚至有时候就是置之不管。那孩子为什么会有这样那样的心态呢？追根溯源，其实是因为家长的心态有问题。所以，家长在教育孩子之前要先调整好自己的心态，这样才能更好地教育孩子。

我们常常发现，那种比较贪玩、学习不是特别好的孩子，往往会显得比较幼稚，不太成熟。然而那些知道努力、知道上进的孩子往往都比较懂事，这种懂事就包含着一层含义——他们不想让爸爸妈妈过于失望、伤心、难过，甚至他们不想让自己的老师伤心、失望。因此，想让孩子敢于面对学习中的辛苦，感恩就是一个很好的药方。

> 高晶是一个高三的女孩，因为谈了一场恋爱，跟男朋友分手了，所以心情一直非常低落。再加上当时她的妈妈在对待孩子早恋的问题上采取了一些极端的做法，更刺激了高

晶的心理，使孩子一下叛逆到了极点。家人对她软硬兼施，就是没办法让孩子的心再回到学习上来。原来在学校还能考五百多分的女孩，两个月后，就跌到了三百多分。

因为她已经高三了，很快就要参加高考，她的父母看着孩子如此厌学叛逆，就把她送到了我的训练营里，让我好好"管教管教"。当天送她来的不是她的爸爸妈妈，而是她的姨妈，可见当时她已经跟她的父母闹到了完全不能沟通的地步，几乎是一点火就急，她甚至向她的爸爸妈妈"挑衅"说，要是再逼她，她就吃安眠药自杀。

因为高晶当时是训练营里年龄最大的孩子，我知道她的情况，就没有让她当学生，而是给了她3个高一的小孩，4个初三的小孩，2个初二的小孩，让她做了这几个孩子的助教。第一天她兴冲冲地告诉我说当助教既简单又幸福，第二天她看着那些有个性的孩子就有些犯难。当高晶说她与孩子们沟通时发现有好多孩子不爱学习，不理解父母，我没有立刻把矛头转向她，而是问她应该怎么处理，果不其然，她理性地站在另外一个角度跟我说怎么能不理解父母呢？怎么能不学习呢？她说："我当这个老师，是真的把一切都给了这些孩子，可是他们为什么就不理解我呢？"我不动声色地看着她，她突然有种恍然大悟的感觉，原来自己的父母也一直是这样全心全意地对待自己，自己不也是一直不理解他们吗？

最后，高晶决定不辜负父母的期望，回学校复读一年。

在结业仪式上，高晶对她的妈妈说了这么一段话："妈妈，在6天前，我还在生您的气，做对抗您的事。6天的训练营，王老师没有让我参加学生的课程，而是让我当了一次老师。在我要离开的时候，好多孩子抱着我哭，让我突然明白了什么是感恩。妈妈，您对女儿付出了17年，尤其是高三这一年,你和爸爸一直监督我,提醒我,可我却一再让你们失望,是女儿对不起你们。从今往后,我绝不会再像以前那样不懂事,我一定做个让你们骄傲的孩子,不让你们再操心。"

第二年的高考,高晶以554分的成绩顺利考入北京的一本大学。

凡事学会感恩,孩子就会在困难中走出心灵荒凉的沙漠;学会感恩,当孩子遇到种种失败、无奈时,都能勇敢地面对,豁达地处理;学会感恩,也会让孩子感激父母长辈为他所做的一切。

在我们训练营有一个小女孩叫金玲,今年11岁,爸爸妈妈对她异常疼爱,金玲也很喜欢爸爸妈妈,但就不知道心疼父母。父母每天结束了一天的工作,拖着疲惫的身子回到家里,连一口热水也喝不上,金玲还要爸爸陪她玩,并一直喊着要吃饭。

对此,父母不禁感到难过,他们想,也许是自己平时对女儿的溺爱让她没有孝敬父母的意识。于是他们决定从生活小事做起培养孩子的这种意识。

有一次,金玲来了兴趣要尝试自己洗衣服,于是妈妈痛快地答应了。第一次洗衣服,金玲洗得相当吃力,额头上都渗出了细细的汗珠,而且洗完衣服,小胳膊都开始酸痛了。

金玲好奇地问妈妈:"妈妈,你平时帮我和爸爸洗衣服也这么累吗?"妈妈说:"虽然我力气要比你大些,不过每次洗那么多的脏衣服,也是很累的。"金玲听完后若有所思地说:"妈妈,我现在长大了,以后我的衣服我自己来洗吧。"

妈妈听了女儿的话,心里不知有多高兴,并及时夸奖金玲说:"金玲懂事了,知道心疼妈妈了。"听了妈妈的夸奖,金玲更高兴了。此后,金玲变得懂事多了,除了坚持洗自己的衣服以外,还主动帮父母做些家务活,更懂得心疼父母了。

金玲为什么变了?因为她体验到父母的辛苦,激起爱心、感恩心，从而学会了感恩父母。感恩父母是对孩子最初也是最直接的感恩教育，从感恩父母开始，孩子慢慢会学会感恩身边的每一个人，每一个爱他的人。

第八课　感恩的心：孩子成长的内在动力

让孩子在爱与被爱中学会感恩

生活需要一颗感恩的心来创造，一颗感恩的心需要生活来滋养。

感恩不仅仅是对父母、朋友、同事等身边的人，有时候甚至是一草一木也同样会让我们内心涌动出感恩的情怀。如果你在心中置入感恩的心态，则可以沉淀许多浮躁与不安，消融许多不满与不幸。

汶川大地震发生后，一个个震撼人心的抗震救灾画面感动着全国人民。"勇敢"、"顽强"、"坚忍"、"冷静"、"无私"、"奉献"、"大爱"……惊天灾难面前，这些词汇谱成一首气势磅礴、令人动容的抗震救灾交响曲。然而，最让人感动的还是一个词：感恩。

——仍在冒烟的地震废墟中，一个被压在废墟底下十多个小时的3岁小男孩被解放军成功救出。就在战士们把他抱上担架抬离废墟时，让全国人民感动落泪的一幕发生了：小男孩吃力地将稚嫩的右手举过头顶，向几位抬着他的解放军战士敬了一个礼。

——北川中学17岁男孩姜栋怀被埋在废墟下，弥留之际，他挣扎着给父母写下一份遗言："爸爸妈妈，我对不起你们，你们一定走好！"这份遗言很特别，是男孩用指甲或木条抠在一张白纸上的，只有在阳光下才能辨认得出来。

——医院的病床上，一位男孩一言不发，目光迷茫地看着天花板。突如其来的地震让他产生心理障碍，心中的阴霾挥之不去，当心理康复志愿者让男孩重现笑容、张嘴说话时,他说的第一句话是:"想早日回到校园,努力学习,将来报效国家。"

是来自全国各地的爱心人士给予了困难中的孩子们无限的爱,是爱让孩子们学会了感恩。不管是在爱别人的过程中,还是在接受别人的爱的过程中,父母都要教育孩子怀着一颗感恩的心去接受,感恩别人的帮助,感恩别人的给予。

感恩是一种处世哲学,是生活中的大智慧。所以,每个人都要学会感恩,这对于现在的孩子来说尤其重要。

要让孩子学会感恩,就要让他们对他人的帮助时时怀有感激之心,通过感恩教育让孩子知道每个人都在享受着他人通过付出给自己带来的快乐生活。当孩子们感谢他人的善行时,第一反应常常是今后自己也应该这样做,这就给孩子一种行为上的暗示,让他们从小知道爱别人、帮助别人、感谢别人。

在我的训练营中,邓女士的儿子尹杰已经上小学四年级了,说起尹杰对他爸爸妈妈小大人似的关心和体贴,邓女士的同事们都羡慕不已。于是,大家纷纷向郑女士取经。

邓女士笑着说:"其实也没什么,重要的是要让他有感恩的意识,咱们做父母的不能对孩子除了疼爱还是疼爱,只是一味地付出,让孩子觉得你的无休无止的付出和他的无休无止的索取都是理所当然的。现在孩子小还好说,等他带着这种意识长大成人后,就有咱们好看的了。"

确实,对于自己工作中的辛苦,邓女士和丈夫都有意识地让尹杰看到,在自己劳累的情况下,尹杰能干的事情就尽量让他代劳。同时,工资收入等情况也都让尹杰了解,让他知道他买东西花的钱不是从天上掉下来的。平常看电视看到相关话题的节目,邓女士与丈夫也是不失时机地向尹杰灌输从身边的人和事做起、懂得感恩的观念。

现在的孩子在父母无微不至地呵护与关爱下，所有的事情都不去干，很多家务都没有做过，在潜意识里就形成了——父母所做的一切都是应该的，不用回报。

有些父母对孩子不知感恩'不以为然'不以为意，他们认为孩子还没长大，以后长大了自然会懂得的，这样就形成了一种现象：父母为孩子任劳任怨，孩子却毫无感激之情，甚至还认为父母这样做是应该的。

父母的付出、外来的帮助和关怀在孩子眼里变得理所当然，谈不上什么感恩。孩子不懂得爱父母，更体会不到父母的辛苦，一旦孩子的要求得不到满足，就会怨恨父母。所以，父母应该学习邓女士的教育方法，从小就要对孩子进行感恩教育。

如果爱孩子，就要让他们从平常的生活小事中感觉到爱，在爱中领略被爱学会感恩。当孩子渐渐长大后，在遇到困难和挫折时，才会怀有一颗感恩的心。

我的建议：父母应该如何培养孩子的感恩之心

建议一：父母以身作则，以自己爱长辈的行动影响孩子

作为父母，无论平时工作有多忙、多累，都别忘了在假期带上孩子去看望双方的老人；春暖花开时带上孩子一起陪老人去公园赏花观景；过年过节、老人生日时和孩子一起为老人选购礼物；朋友送来的稀有食物、珍贵礼物先给老人留出一份，等等。用我们对长辈的关爱言行来不知不觉、潜移默化地慢慢影响、感染孩子，使感恩的意识能深深地印刻在孩子的心灵上。

同时，在家庭生活中，父母、子女间要相互尊重、关爱和体贴，既要共同承担家庭的责任和义务，又要共同分享家庭的利益，相互间要多用"行"、"谢谢"、"对不起"等文明礼貌语言。

建议二：正面引导，经常对孩子进行人生观和道德品质教育

作为父母，在以自己的行动来影响、感染孩子的同时，还要对孩子进行正面的教育和引导，要教育孩子拥有一颗感恩的心，并懂得知恩图报。能分清什么是真、善、美，什么是假、丑、恶，知道自己将来应该成为一个什么样的人；帮助孩子确立健康的信仰，并经常鼓励孩子为这个信仰去追求、去努力；要让孩子懂得宽以待人、与人为善的道理，学会在生活中尊重他人、关心他人，无论是与家人团聚，还是与伙伴交往，都不能称王称霸，不以"自己"为中心，绝不能做损害他人利益的事情。在正常的人际交往中，要乐于助人，时刻不能忘记感恩，时常要想到自己最感谢的人或事，学会赞美他人与保持微笑，缩短人与人之间的距离，通过彼此互动，来培养感恩之心。

建议三：让孩子参加家务劳动和公益活动培养孩子的家庭责任感和社会荣誉感

根据孩子年龄，经常有意识地指导孩子做一些家务劳动，培养孩子的独立生活能力、生活自理能力与做事能力；同时，鼓励和支持孩子积极参与社区服务活动，如：开展小区环境卫生治理、安全防范宣传以及帮助孤寡老人等公益性活动，要乐于助人，关心他人等。从这些活动中，让孩子们从而感受到为他人服务是一件快乐的事，体验父母的辛劳，更加珍惜家庭的幸福生活。

建议四：组织相关活动，让孩子在对比中感知幸福，学会感恩

父母可以带孩子到孤儿院或伤残医院参观，可以鼓励、组织孩子与贫困地区的孩子结对交友等，让孩子在对比中体会过去不懂、不在意因而也不会珍惜的东西，从而改变、化解孩子的冷漠心灵，引发其慈悲心、惜福心、感恩之心。

总之，在当前，对孩子的智力投资是必不可少的，但德育方面的培养也十分重要，感恩教育就是重要的内容之一。要让孩子知道感恩是一种品德，在孩子的成长阶段，父母就要有意识地重视"感恩"这方面的教育和培养，并通过家庭、学校和社会的共同努力，最终把孩子们培养为社会真正需要的人才。

第九课

展示个性:天赋我才,捷足先登早成功

孩子们最初都是一张白纸，重要的是父母们在这张白纸上画出了怎样的图案。我们的悉心培养影响着他们的习惯、他们的个性，当有一天我们蓦然回首的时候，也许会发现，孩子们人生成功的秘密隐藏于多年来建立的优势之中。这就是我们即将开始的这堂课将要教给大家的东西。

放大兴趣：建立孩子的成功优势

在我们中国的家庭里，孩子和家长之间都会存在一点小小的误区。孩子挺努力的，家长更是竭尽全力了，但是，如果我们做的那些功都白做了，多可惜啊！

这里有一个真实的案例。

一个孩子下棋，在一二年级时，被誉为"中国象棋的未来"，因为他的父亲是北京棋院的副院长，"儿子从小学棋，从小就是幼儿组、少儿组的冠军，但上到三四年级，说什么也不愿再下了。"孩子爸爸发愁地向我诉苦。

"如果我推断得没错的话，孩子小时候是你亲自教他下棋的，你为了吸引他的兴趣，激发他的信心，所以经常会故意输给他。但是，自从他得了几个冠军以后，你觉得孩子有些骄傲自满了，所以，你再跟他下棋时，你就不再让着他了。"我对孩子父母这样分析道。

他点点头，示意我的推断是正确的。我继续说道："你为了让孩子知道他的棋艺还差得远呢，所以再下棋时，你经常就三下五除二把他杀个片甲不留。也就是这样，你的孩子才会对下棋越来越没有兴趣。"

第九课 展示个性：天赋我才，捷足先登早成功

其实，这种问题很简单，在学校，是学习好的学生学习兴趣更大还是学习不太好的学生？是前者。而后者，也许他们也有点学习兴趣，但是，别人的忽略、批评、蔑视使那一点点的兴趣也荡然全无。到了四五六年级，孩子的习惯已经基本养成，包括他们的思维习惯、他们的生活习惯、他们的学习习惯，也就很难再培养他们的学习兴趣了。

爱因斯坦说过："天才是1%的灵感加上99%的汗水。"所以一个人的天赋在成功当中所占的比重是微乎其微的，况且"天赋"和"兴趣"都是可以培养的。

其实，培养孩子的优势很简单，就两个字——"喜欢"。

作为家长，你有没有分析过你的孩子为什么数学成绩好？为什么英语成绩好？其实关键就在于他喜欢。再继续分析，为什么会喜欢这一科？这就是他的兴趣所在。

在我的训练营曾经有一个别喜欢画画的大连男孩。他是在高二的时候来参加训练营的，当时他的学习成绩很差，学习状态也不好。

他刚来的时候，我跟他聊天，他为我画了一幅铅笔的素描画，画得相当不错。当我问他是不是打算考美术学院的时候，他低下头，很无奈地告诉我："我成绩太差了，考不上……"我看着孩子要被迫放弃兴趣时的痛苦表情，心有不忍，便和他的家长沟通。他的父母表示，如果孩子能够考上美术学院，他们也不会反对孩子继续走画画这条路。

于是我就去网上查，我把所有跟美术相关的大学找出来，最后找到一个大学——卢美，当时这个孩子的成绩跟卢美的录取分数线差了大概50多分。

当我把这一情况告诉孩子的时候,他很兴奋地向我保证坚决拿下这50分的差距。他对我说:"画画对我来说是一种享受。只要能够让我坚持画画,我愿意为了这50分拼一把。"我看到这个孩子的英语成绩最差,在阅读与作文上丢分太多,我就为他制定了专门的学习计划,要他一天背一个英语句子,每天做一篇英语阅读。就这样,这男孩坚持做了一年的英语阅读,一年下来还背诵了三百个句子,高考结束以后,他顺利地考上了卢美。

还有一个孩子,叫蒋天。到现在,我仍然清楚地记得在训练营里第一次见到蒋天时,他"精彩"的自我介绍——

"这是一个在语文书上,作文里,课堂上出现率极高的人名,我就是那个上课调皮淘气被老师批评了的蒋天,我就是那个没有认真听讲被老师责备了的蒋天,我就是那个没有完成作业被老师轰出去了的蒋天,我就是那个因为不好好学习,没有考上高中的蒋天。"

2003年中考结束,高中的门朝哪边开都不知道的蒋天,考上了一所技校。他的妈妈为他的未来很是忧心,就把他送到了训练营里锻炼锻炼。是他妈妈怕他闲在家里惹是生非,再加上死马当活马医的想法,让我和蒋天有了这次相遇的机会,也让我们注定了这一生从师生到朋友,最后成为兄弟和战友的缘分。训练营里的蒋天除了在课堂上外其他任何场合都很优秀。篮球场上他是得分的高手,活动中他是积极分子、组织能手,宿舍里他也是同学们的核心,大家的开心果,有他在的地方就有欢笑。食堂里他总是帮小同学打饭、端汤,打扫卫生时他也从不偷懒,脏活累活全都抢着去干。说句心里话,如果不提学习,他绝对是个十佳少年。热心,善良,幽默,机智,乐观等等那些赞美的词语在他身上都能体现。我有时在想,这么聪明优秀的孩子,怎么连高中都没考上呢,真的是可惜呀!

第九课 展示个性:天赋我才,捷足先登早成功有一天，我和蒋天聊天："以后有什么打算呀？"刚刚还指手画脚的蒋天一下哑了火，看着我，脸涨得红红的，一言不发。"怎么了？平时那么能神侃的蒋天怎么不说话了？""王老师，我还能有什么打算呀！没考上高中，在技校了混个两三年，出来找个工作，估计也就是当个技术工人呗！"话里面有一种酸酸的味道，让我知道这个大男孩对自己未来的迷茫和失意。"没有别的想法了吗？""不瞒你说，王老师，只要不提学习，让我干什么都行！"当时我也真的没想出什么能够帮到他的办法，只是觉得挺好的孩子，有点可惜了。

训练营快结束的时候，蒋天问我："王老师，以后我可能就没有机会再来了，你会记得我吗？等我长大了，也想来训练营当老师，行吗？"我的内心一阵酸楚，眼前这个阳光的男孩命运就这样安排好了吗？而训练营里又怎么能有个从技校毕业的老师呢？他又能教什么呢？"为什么不能来了？""我上的是技校，已经没什么改变的可能了，爸妈赚钱也不容易，他们肯定也不会再让我来了……"我也是无语，因为当时的我真不知道能说些什么，该说些什么。"王老师，让我给您拍个照吧，之后我还想给大家再来几张全家福！以后我想你们的时候可以看看。"说着，他从兜里掏出个挺高级的数码照相机。"呦，家伙不错嘛，就是不知道技术怎么样？""王老师。你可别瞧不起人，我上初中的时候，参加照相比赛，还获过奖呢！这台相机就是我的战利品！"看着他照相的那个架势，真的是相当专业，当我看到照片的时候，更是大吃一惊，简直是大师级的水准呀！我脑子里突然有个妙想："蒋天，以后你寒暑假要是愿意，你就来训练营当摄影师吧！不仅不用花爸爸妈妈的钱了，我还付你工资呢，怎么样？""太棒了，王老师，我不要工资，只要能来训练营，我就已经心满意足了！"就这样，蒋天成了训练营里第一位专职摄影师，孩子们都亲切地叫他"照相机老师"。

有一天，蒋天又一次问起我："王老师，我技校毕业了可不可以来训练营工作呀？我喜欢这里，喜欢和同学们在一起。"眼前这个看着已经长大，但真的还没长大的孩子，我告诉自己，一定要想办法帮他，让他拥有更加精彩的人生。"蒋天，你想上大学吗？""大学，当然想了，可是哪个大学会要我呢？我是个技校生呀！""谁说技校就不能考大学了？再说，你还会摄影，这不就是个特长吗？来，咱们一起查，哪个大学有摄影这个专业，哪个大学录取摄影方面的特长生！"我们两个查了一个多小时，找到了好几所录取摄影专业特长生的学校：北影，中戏，北服，北工大，传媒大学等。接着我们又开始查询各个学校的分数、条件，就像上战场前一样兴奋，充满激情和畅想。"王老师，摄影、画画我倒是没什么问题，可是文化课怎么办呀？特别是英语，我除了二十四个字母之外，什么都不会了。""多少个字母？""二十四个？""是二十六个，我真服了你了！没关系，都不记得也很好。你看金庸的笑傲江湖里面，风清扬老前辈就对令狐冲说，什么都忘了，才好重新开始学呢！你就象令狐冲一样，咱们从头再来！""我真的行吗？""肯定没问题，还有两年的时间呢，和你初中同学们一样，他们在高中，咱们在技校，一起考大学。等你大学毕业，就是精英训练营里一名正式的老师和摄影师了！"我们快乐地哈哈笑着，像两个得到了礼物后的孩子……

就这样，蒋天每天从技校放学后就会迅速回到家，开始背单词，背课文，背公式，他真的暂时离开了他喜欢的篮球和朋友，每天都会让自己努力地学习以前最不喜欢的那些文化知识，每周还会去上专业的美术课和摄影课。两年，一转眼就过去了，蒋天在2005年的高考中，虽然文化课勉强过线，但是以专业课第三名的成绩考进了全国著名的211学校，创造了他们技校建校以来，第一个考上大学本科的神话和奇迹。他成长的故事也被《北京青年报》进行了整版的报道，激励那些曾经贪玩曾经放弃过的年轻人。

现在，蒋天已经是精英成长训练营里备受学生喜爱的一名年轻的

第九课 展示个性：天赋我才，捷足先登早成功

新锐讲师了,他正在用自己成长的经历,来教育和引导更多的孩子,开启他们精彩的人生。

　　作为家长,可以通过间接的方式来让孩子建立学习兴趣,或者学习优势。建立起了孩子的兴趣,家长还要善于放大孩子的兴趣,就像案例中的孩子一样,将孩子的兴趣发展为他的优势,他就会取得不一般的成绩。

　　其实,不是每个孩子都必须要走应试教育这条路,每个孩子都有自己的兴趣与优势,针对孩子的兴趣,家长给予适当的鼓励与培养,孩子会在兴趣的激励下,使自己不同于别人的优势变为成功的基础。除了要放大孩子的兴趣,家长还需要对自己的孩子进行个性化教育,从而挖掘出孩子的兴趣和优势所在。

个性化教育：决定孩子未来的人生

2500年前的孔子说过八个字："有教无类，因材施教。"我很认可这个概念。如今的个性化教育其实就是一种因材施教。因此我也很认可并且深信多年来我所从事的家庭教育、素质教育本身就是一种一对一的个性化培养。

我认为中国学校教育有两块缺失，第一块就是对孩子的人格塑造和能力培养的缺失。比如说家长只让孩子学数学、语文、英语，但是没让孩子把数学、语文、英语跟生活结合。第二块就是缺少人文情感的底蕴。比如说师生之间的情感，同学之间的情感，父母之间的情感，家庭之间的情感，社会之间的情感都是比较缺失的，而教育这种东西也决不是工厂化的生产。

像目前社会上的这些成年人，相互攀比住什么房子，开什么车，孩子们也在很大程度上受到这些影响，所以我认为这种心态很不好。过去贫穷的时候大家都贫穷，比谁精神高尚，比谁追求高尚，在大家都富有的社会，我们应比谁创造的社会价值、谁的人生价值更高。但是就目前来说，整个社会胡乱攀比的风气带给孩子的负面影响很大。所以我很希望我能够，也包括家长们，不要让孩子们输在起跑线上。

什么意思？身体健康，心情健康，或者心态向上，这就叫不输在起跑线上。而不是简单的数学、语文、英语成绩比较优秀就叫不输在

第九课 展示个性：天赋我才，捷足先登早成功

起跑线上。

还有一个理念，我认为对孩子的个性化教育也很重要。说到个性化教育，人们也有一些曲解，学校的所谓个性化教育，是认为学习需要个性化教育；而我的个性化教育，是和这种观念不一样的。我认为每个孩子和每个孩子本来就是不一样的，所以对于每个孩子的培养应该也是个性化教育。

我的训练营做了十年素质教育，在个性化教育的过程中有很多值得家长们参照的典型案例。

江西赣州有一个小男孩，叫周杰。这个学生比较特殊，他的父母都是知识分子，家中还有从事教育工作的前辈。这个孩子的整体学习成绩都保持中上水平，马上就要参加小学升初的考试，所以奥数的学习显得尤其重要和紧张，也正因为如此，他自身对奥数有一些茫然，遇到很多题型找不到解题的方法和感觉。他的家长迫于升学压力，也由于自己不能给孩子更多的学科上的方法指导，所以对孩子的学习成绩很是忧心。

我在与这个孩子的接触过程中，发现这个孩子的学习容量特别大，对老师的要求也比较高。于是在给他上课之前，我与孩子的专门辅导师先对他的考试试卷和数学学习笔记进行了具体地分析，发现孩子在平时的作业量很大，但是质量却不高，对数学的学习只局限于做题。

多年的学习和教学经验告诉我们，在对这个孩子的教育中，需要多与孩子互动，积极引导他跟着老师的思路，一步一步地去分析，逐步培养他分析数学情景，构建数学思维的能力。

根据我们对孩子的了解和学习情况的掌握，我们为他制定了严格的学习计划。在教学中，联系他的实际，有的放矢，把书本的道理变成孩子自检的依据，让孩子对自己的作业自己检，自己评。从中学会自己教育自己，自己管理自己。这样大大激发了孩子的学习兴趣，改善了先前不良的学习习惯，提高了学习的效率，增强了孩子学习的信心。

经过师生的共同努力，几节课下来，周杰在数学运算上有了很大的改观，在几个专题奥数问题的学习中掌握了基本的解题思路，构建了奥数的知识体系，连以前考试不能下笔的大题也能很好地完成。在期末考试中他考出了99分的好成绩，比上半学期的成绩足足提高了28分。

当然，这样的成绩不仅仅是一门数学的进步，更重要的是他树立了对数学学习的信心。

与周杰的情况差不多的，还有一个叫陈宁的女孩。我见到她的时候，她刚上小学五年级。

陈宁是一个性格内敛倔强，较为慢热的女孩。由于她的爸妈平日里忙于工作，很少关注孩子的内心，更别提学习的细节或给予孩子帮助，生活中也长年与爷爷相处，老一辈人惯溺孩子更使得孩子脾气倔强不听劝导。所以，陈宁刚来到训练营的时候，很不善于言辞，也不轻易与人交谈，不喜欢一切集体活动，更不愿意表现自己，对自己没有一点信心。她各个学科成绩都平平，尤其数学，总在及格线上下徘徊。对于数学，孩子似乎存在着严重的畏难情绪，非常排斥。

看到孩子这种情况，我下定决心一定要改变孩子这种过分沉默的性格，所以经常偷偷地观察她。在第一次上课前，我了解到她喜欢编织手工绳子。于是就专门去了解了编织的方法，希望在和她谈话的时候至少能够说出几个"专业术语"，成功打开她的话匣子。

在和她互相交流的过程中，我发现她数学成绩中最大的失分点就

第九课 展示个性：天赋我才，捷足先登早成功

是综合运用方面，而且她的空间想象能力也很困难，需要抽象思维想象能力的题目完全没办法开展。她的知识点也存在模糊不清的情况，许多题能做，但是却只能做对一半。

摸清了她的大致情况，我和她的辅导老师决定按书本上的顺序指导她学习，遇上知识漏洞就多花时间为她讲解。实践证明，这样的计划对陈宁很有效果。因为她并不是只需要把知识漏洞补上就可以学好数学的，我更多的是希望她能够建立起对数学的信心，只有信心树立了，才能够让她更好地更主动地去学习。

经过四个月的学习，陈宁在数学计算能力上，还有应用题方面，甚至是做题的速度和正确率上都有了很大的进步和提高。在临近期末考试前的期末摸底测试中，陈宁的成绩一次比一次好，由最初的61分到82分，到95分，再到期末考试的98分，一共提高了37分，更重要的是她变得自信起来，再也不害怕数学了。

一直以来，女孩子在学习理科的课程上似乎都显得吃力一些，有的孩子数学成绩不好，有的孩子化学不好，还有的孩子学不会物理。人大附中的李薰，就是这样一个女孩。

李薰活泼开朗，性格乖巧，知书达礼，有很主动的学习意识，写有一手好字。这个孩子的各科学习成绩都比较优良，语数外都能保持在100分以上，但就是物理成绩一直上不去。正因为如此，她对物理一度失去信心，学习中找不到解题的方法和感觉，存在着严重的畏难情绪。

第一次上课前，我给她讲解了物理电磁学部分在高考中的重要性，并且在没有授课的情况下让她独自完成一个比较综合的电磁学大题，结果她无处着手（首先让她知道她自己的不足）。然后我再带着她去梳理题干，找出题中的隐含条件，逐步地构建物理情景，完成物理构图，这个时候她大概也就知道了解题过程，我再让她列方程求解。这样一来，她就很有成就感，最起码树立起了一点学习物理的信心。其实，树立信心很重要，这样反复几次，孩子立马就会产生对物理的兴趣，之前的畏难情绪也会一点点消散。

李薰是个很聪明的孩子，也十分配合老师的教学，所以她的学习容量很大。因此，我为她设计了特殊的专题训练，事先精心挑选出适合她做的中档题，同时在不同的教学过程中，针对她的学习进展情况适当加大习题的难度。然后在每次综合专题后做一次阶段性检测，并规定1个小时完成高考标准理综物理配置，不仅提高了孩子的解题速度，也逐步规范了孩子解答过程的书写以及物理文字表达。

经过我们的共同努力，李薰在物理计算上有了很大的提高，在电磁学的学习中也逐步掌握了基本的解题思路，在综合问题的处理和把握上也有了很大的提高。在那学期人大附中的期末考试中，李薰的物理成绩由之前的58分提升到了87分，排名也靠前了很多。

孩子树立了良好的物理学习自信心，并获得了不小的成就感，这对她今后的学习有着很大的帮助。

同样是人大附中的学生，一个上初三的男孩叫曹伟。他是一个思维灵活，反应敏捷的孩子，性格外向张扬，爱动脑筋，语言丰富，但不能主动琢磨教材，不能结合老师的讲学找寻方法，不注重基础知识点，学习没有计划性，也没有主动学习的意识。

曹伟的英语成绩很差，每次考试都是拉平均分的科目。他的父母为他请了好几个家教，专门辅导他的英语，还为他报了英语辅导班，可他的英语成绩始终没有提高。曹伟甚至自暴自弃地认为，自己完全没有学习英语的"天赋"，这辈子都学不好英语了。

看着孩子这种无奈的态度，我不忍他再这样自暴自弃下去，便为他制定了专门的学习计划。我认为，孩子学不好英语不是因为没有天赋，而是因为一次又一次的失败大大打击了孩子学习的自信与兴趣，使他内心产生了放弃甚至抗拒的心理。因此，对曹伟进行英语科目的辅导时，我主要以培养孩子的学习兴趣为轴心，再辅以如何理解、记忆，如何有效阅读的学习方法，同时还与孩子一块学习英语教材，并通过专项练习提高孩子做题的准确性和速度，使孩子逐渐爱上英语。

这样一来，曹伟从刚开始的敷衍了事到后期的积极配合，主动性有很明显的改善。在中考一模中，英语成绩提升了40多分，由原来的52分提到了98分。中考结束之后，他成功升入人大附中的高中部。

人们常说，世上每个人都有自己的性格，但是在今天的教育之下，每个孩子似乎都有着同样的脸孔，同样的性格，他们大多没有特点，没有自信，没有特长。

国际著名的钢琴家郎朗，也是典型的个性化教育的成功案例。他在小学、中学以后，并没有继续走数学、语文、英语这种应试路线，他的父亲为他选择了一条适合他自己的路线。在这种个性化的教育下，郎朗获得了巨大的成功，他曾被数家美国权威媒体称作"当今这个时代最天才、最闪亮的偶像明星"，成为受聘于世界顶级的柏林爱乐乐团和美国五大交响乐团的第一位中国钢琴家，还曾被《人物》杂志称为"将改变世界的20名青年"之一。

在教育孩子的过程中并不是一帆风顺的，父母可能会遇到很多的麻烦和困难。但是请家长们相信一句话："坏孩子是没有的，只是看家长能不能够教好！"对待孩子，家长要善于观察，分析孩子的性格、爱好、特点，以及他们在知识上存在的问题。针对孩子的不同问题，家长要做到个性化教育，认真做好具体分析，这样才能够在最短时间最准确地掌握孩子的知识缺陷，这样才能够对症下药，一针见血。

每个孩子都希望自己是优等生，希望克服学习难关，当畏难情绪出现时，他们会很担心无助。在这种情况下，家长需要借鉴我的训练营里的教学方法，帮助孩子拟定一个中等难度的短期内可实现的学习目标，帮助他获得实现，从而增加学生的学习兴趣，形成一种良性的循环。在小有成就后，家长们可以对孩子进行适当的鼓励、沟通和交流，保证他们的良好学习心态，适时帮助孩子进行适当减压。在这个过程中，家长要让孩子体会学习不是一件多么难的事情，他们完全可以做到。

其实，坚持个性化教育，因材施教，既是对家长的尊重更是对孩子的尊重。

第九课　展示个性：天赋我才，捷足先登早成功

磨刀不误砍柴工，教孩子善于思考

我们先看一个故事：

有个年轻的伐木工人，在一家木材厂找到了工作，工作条件不错，报酬也不低。老板给了他一把利斧，并给他划定了伐木范围。他很珍惜这份工作，下决心要好好干。

第一天，他砍了18棵树，老板高兴地说："不错，就这么干！"这个工人很受鼓舞。

第二天，他干得更加起劲，但是只砍了15棵树。

第三天，他加倍努力，可是仅砍了10棵树。

这个工人觉得很惭愧，跑到老板那儿道歉，说自己不知道怎么了，好像力气越来越小了。

老板问他："你上一次磨斧子是什么时候？"

"磨斧子？"年轻人恍然大悟："我天天忙着砍树，竟忘记了抽出时间磨斧子！"

联系到我们教育孩子也是一样的。让孩子一味地蛮干而不是让他们停下来去思考、去找方法，最终只会事倍功半。爱因斯坦也曾说过这样一句话："发展独立思考和独立判断的一般能力，应当始终放在首位,而不应当把获得专业知识放在首位。"爱因斯坦正是由于养成了事事思考的好习惯,才创立了相对论,开辟了科学上的新纪元。

很多家长跟我抱怨:"王老师,我觉得我儿子一点儿都不聪明,你说他是不是智商低啊?"我就告诉那些家长:"我们平时所说的'聪明'并不是指孩子的智商,而是指他们的思维习惯。是良好的思维使孩子们智力的潜在能力得到了充分发挥。认真地思考虽然为孩子解决问题的过程增加了一个环节,却使解决问题的时间缩短了很多,大大提高了学习效率。"众所周知,小高斯进行思维的谋划花去了相当于别人解题所耗时间的一半,然而他计算出"$101×50=?$"只需要几秒钟。从这里边,我们难道还看不出善于思考的优势吗?

我想告诉家长的是,培养孩子在学习中思考的能力,其实质就是教会孩子在学习知识的过程中将知识经过自己的头脑进行"消化"并最终使其成为自己的东西。当然,在学习的过程中,有些机械的记忆和模仿是必要的,但若要使知识最终变成自己的东西还是要经过一番思考的。而善于思考的好习惯是需要从小培养的。

用孩子质疑的双眼打开知识大门

在我们中国的传统教育中,褒奖的往往是"听话"的孩子。在家听父母的话,在学校听老师的话,只要认真听老师讲课,考试取得高分,就是好孩子。至于课本上说得对不对、老师说得对不对,则往往不是教育孩子时所考虑的问题。而一些敢于对课本和老师所说的内容表示"质疑"的孩子往往被人们视为"异类",从而使这些孩子的质疑和探索精神受到压制,消磨殆尽。

有一个小姑娘,听老师讲蚯蚓有很强的再生能力,断开的蚯蚓可以分别再生长出完整的蚯蚓,她非常好奇,想知道这是不是真的。于是她就挖来蚯蚓断开两段,放在窗台上养起来。她母亲发现后非常生气,狠狠打了她一巴掌,并把蚯蚓扔出窗外。

后来国家教育部的一位领导听说这件事后,沉重地说:"这位母亲完全没有想到,她这一巴掌造成什么样的后果。这一巴掌,很可能打掉了一个女科学家。"

俗话说,"学贵质疑"。科学批判是科学发展的必要条件,如果只有师承而无创新,不敢越雷池一步,那么科学就停滞了。

李四光说:"不怀疑不能见真理,所以我希望大家都取怀疑态度,不要为已成学说所压倒。"他历尽艰辛,深入考究,以无可辩驳的证据,向地质"权威"的偏见和谬误进行挑战,创立了崭新的地质力学理论。

孩子们质疑的问题值得考虑,但更重要的意义不在质疑问题的本身,而在于如何保护、鼓励、支持和发扬孩子们的质疑精神。

因此,我想告诉家长们的是,拥有质疑精神对孩子来说非常重要。孩子正处于对世界认知的初级阶段,他们的质疑精神是求知欲的表现,是他们主动参与、自觉学习、积极探询的具体表现。老师和父母非但不能忽视、厌烦、打击,相反更应该精心地鼓励和发扬这种精神。

创造思维：用思维导图打开孩子新视野

　　世界上没有完全一样的两片叶子，也没有完全一样的两个人，每个孩子都有他独特的思想，独特的看待问题的角度，独特的思考问题的方式。在孩子看来，世上没有绝对的标准去评判事物，他们对任何东西都充满了好奇，他们的脑袋里都是些大人们不理解的"奇思妙想"。然而，家长们总是在不停地向孩子传授固有的、被人公认的知识，迫使孩子慢慢放弃自己的"怪念头"，成为有着和别人一样眼光、一样思维的人。

　　当然，很多家长会说，大家都是按照一样的标准和方式去生活，这样有什么不好？但是，社会的发展、个人的成功恰恰需要的是与众不同的创造性思维，而不是手握先人的知识、成就毫无进步。

　　一味地埋头苦干，不一定能够解决问题。我想告诉家长们的是：创新思维可以使人在"山穷水复疑无路"时感受到"柳暗花明又一村"的欣喜。

　　人们常常感叹，我们今天的时代，这种具有发散性思维的人才太少了，为什么呢？原因当然有很多，但其中有一点不可忽视：我们没有给孩子心灵足够的自由空间。

　　现在不少家长只注重孩子的知识，只注意孩子的分数，只注意孩子的文凭，而忽略创造力的培养。我们认为知识、分数、文凭也应重视,但更应重视能力,特别是创造力的培养。

我在开办训练营的时候,就非常重视孩子创造思维的培养。我们训练营的黄承亮老师就是专业用思维导图的方法来拓展孩子的思维,打开他们的视野,让他们自由地发挥想象。

什么是思维导图?

思维导图是它的创始人托尼·巴赞在做家教的时候研究出来的。巴赞在做家教时就致力于研究"怎样提高孩子的成绩","天才和普通人最大的区别在哪里"这样的问题,他考虑到人的思维模式不一样,于是就去研究教育理论,试图寻求一种更好的教育方法和教学工具,从而能够快速提高学生的学习效率和成绩。在对很多天才的笔记进行了研究之后,托尼·巴赞发现,这些天才不仅使用了文字记录,还能运用图形来记忆,这种发散性的、创造性的思维模式,能够很有效地帮助人学习并记忆。于是,巴赞综合以前的鱼骨图、流程图、概念图等,创新发明了思维导图。

其实,思维导图是一种很有效地表达发散性思维的工具,它运用图文并重的技巧,把事物间的关联表现出来,充分运用孩子大脑的机能,利用记忆、阅读、思维的规律,协助孩子在学习知识与逻辑思考之间平衡发展,从而开启孩子大脑的无限潜能。

我们平时做笔记,通常是用左脑,用文字、线性文字、数字列表这种方式去做。而思维导图则是在文字的基础上加入图像、色彩、空间感受,使左右脑同时调动起来,这时候,做笔记做工作的话,效率会大大提升。这也就是充分挖掘我们另一个半脑的潜能,同时调动左右脑的特性,使大脑得到充分开发,大大提高工作学习的效率。

托尼·巴赞发明了思维导图之后,把它用在家教事业上面去教育孩子,发现这样带出来的孩子能够在很短的时间内提高得很快。后来经过反复试验论证,巴赞决定将思维导图的理念传播到世界各地的教育中,于是在1974年,英国广播电视公司BBC与巴赞合作出版了一本思维导图的书——《开动大脑》，这也是第一本关于大脑的"使用手册"。

黄老师说他开始接触思维导图的时候，是在1998年。当时有一本非常畅销的书叫《学习的革命》，几乎每个学校里面的老师都是人手一册，这本书里有一张脑图，看起来乱七八糟的，却很是吸引他。这里面的学习理念，包括对整个学习趋势的研究都非常准确先进，他着重看了下思维导图，并对它产生了很大的兴趣。从那之后，他就一直在了解这方面的信息，2003年，他在广州重点学习了思维导图，发现这里面的记忆方法，对人的工作和学习有很大的帮助。因为他是做教育的，所以对思维导图的理念很是赞同，他觉得这个方法可以用在中小学甚至大学的教育中。

当时在广州，他和其他一些老师开始运用思维导图的方法，对一些大学生进行了培训，因为他们要考四六级和考研，他把这个记忆方法用在他们记英语单词上面。经过培训之后，他惊奇地发现，一个班上大概有20多个学生，记得最多的学生，一天能记1478个单词，第二天测试的话，还能记住将近1200个单词。这样的效果是非常显著的，经过几天的培训，他们觉得每次搞培训的人数毕竟有限，于是就想着能不能出本书，教更多的大学生去解决单词的问题，帮助更多的学生提高英语成绩。后来他们与世图出版社合作，出了一本《一天记牢1000个英语单词》的书，三个月就销了十万多册，在广州购书中心连续三个月排名图书类第一名。

刚开始的时候，我们是以英语为主，后来慢慢运用到学生的各个学科中，比如语文的课文分析阅读，以及古文诗歌、现代文的记忆上面；还包括在数学学习中，如何把知识点记下来，如何把整个知识点变成一个知识网络，如何把知识记在大脑里面。

很多孩子在学习数学的时候就是一团浆糊，知识点左一个右一个，比较松散，学习起来非常困难。但是运用思维导图，就是把各个知识点串联成一整个结构关系，孩子能很清晰很明白地看到所有的知识点，这个时候记起来就会很简单。

未来社会将不再是分数高者得天下，而是能力高者得天下。未来社会最值钱的也不再是学历，而是创造力。创造思维是人最重要和最有价值的一种思维方式，人只有拥有了创造性的思维方式，才能打破常规，创造奇迹。

作家列夫·托尔斯泰向人们提出忠告："如果学生在学校里学习的结果是使自己什么也不会创造，那他的一生将永远是摹仿和抄袭。"

一个孩子将来有多大成就，关键在于他的创新能力如何。作为家长，一定要有科学的教育理念，学会用思维导图的方式指导启发孩子学习，重视对孩子创造性思维的培养。

第九课 展示个性：天赋我才，捷足先登早成功

我的建议：父母应该怎样培养孩子的个人优势

建议一：培养孩子的好奇心理和探索精神

孩子对世界总是充满好奇，每看到新鲜的事物总喜欢问这问那，还有些好动的孩子会亲自去摸一摸或是拆一拆。许多父母对孩子这样的行为很是烦恼，常常会对孩子破口大骂，甚至动手打孩子。

其实，这些都是孩子好奇心和探索欲强的表现，也说明孩子正在进行独立思考。在孩子幼小的心里，由于知识面的局限，他们总想知道更多，想对事物有更透彻的了解，所以才会向父母发问或是自己动手。对于这些，父母要因势利导，积极地鼓励孩子，培养孩子的想象力，不要一味地呵斥孩子，挫伤孩子思考的积极性。

建议二：鼓励孩子说出自己的想法

父母和孩子在一起讨论问题时，要鼓励孩子勇敢地说出自己的想法，无论孩子的想法是确实可行的还是荒诞离奇的，父母都要耐心地倾听，做到先肯定其态度再明辨是非。

其实，有时候孩子的想法就是他们思考的最终结果。对孩子正确的想法，父母应该给与肯定和适当的表扬；对孩子有些荒诞离奇或是错误的想法，父母不要指责，而是要以平等的态度提出自己的看法，让孩子自己判断，切记不可把自己的想法强加给孩子。

建议三：应不厌其烦地为孩子答疑解难，而不能挫伤其积极性

父母都知道"学贵多疑"这个道理，但是不能孩子问什么，就简单地回答他什么。针对孩子提出的各种问题，作为父母，也要区别地对待，给孩子以积极正确的引导，不能因为图省事、怕麻烦而随便回答或者敷衍了事，那会对孩子造成不利的影响。

小明的妈妈曾经给我讲过这样一件事情：

> 小明从小就喜欢动脑筋问东问西。上了小学后，他提出的问题就更多了，比如为什么上海的车牌号是"沪A"，为什么游戏和电视剧的结尾都是好人赢，等等。
>
> 开始妈妈还比较耐心，后来有几次就失去了耐心，敷衍了事，甚至在心情不好的时候，还训斥他几句。后来妈妈发现孩子在遭到"粗暴对待"后，神情黯淡，闷闷不乐。
>
> 在家人的提醒下，妈妈开始注意到自己的态度问题，对孩子有了很大的耐心。现在，每当孩子提出一些稀奇古怪的问题，妈妈都能不厌其烦地给以解答，实在不能自圆其说的，就查查字典、翻翻书。

父母即使不能解答孩子的问题，也不要一句"我也不知道"就万事大吉，应该告诉孩子："你提的问题真好，爸爸妈妈也不懂，我们一起翻翻书，看看书上都是怎样说的。"或者告诉孩子："等爸爸妈妈找到答案就告诉你。"这样既能让孩子知道答案，又让孩子学会解疑的方法，进一步增强孩子的质疑能力。

建议四：经常给孩子的质疑以表扬和鼓励，并想方设法启发孩子的质疑能力

当孩子向我们提出问题时，除了尽量给孩子比较完整、正确的答案,还要及时地肯定孩子喜爱质疑的好习惯,同时要想办法激发孩子的质疑能力,让孩子的质疑能力之苗长得越来越旺盛。

"王老师,金刚是好人还是坏人?"

"老师,为什么那个白人给土著女孩巧克力吃,女孩却大喊大叫,还咬他?"

"老师,为什么泰国有大象学校,杭州没有呢?"

这是我的训练营里一个被大家称为"十万个为什么"的孩子,他的"为什么"总是很多,而且有些问题甚至让人无法解答。他的家长,还有一些老师,对这个孩子总是又喜爱又烦恼。

但是,我对这个问题多的孩子,却从不感到厌烦。每次他跑来问我问题的时候,我都会耐心地给他讲解,同时告诉他,世界上还有很多很多的"为什么"等待人们去破解。若想了解得更多,只有努力学习,比如学好英语,就可以看懂原版的英文电影和DVD;学好物理,就可以了解为什么潜水艇能在水里上浮下沉。

孩子听了我的话总能信心倍增,获得新知的渴望更加强烈,学习也更努力了。

建议五:购买一些百科类的图书,以拓宽孩子的质疑视野

有一次,一个孩子问我:"老师,为什么南极有企鹅,而北极没有企鹅?"

我没有根据自己的理解胡乱回答,而是和孩子一起翻书查找答案。原来,在很久以前北极也曾生活着一种大企鹅,数量有几百万只。后来,由于去北极的人们不加节制地狂捕滥杀，导致北极大企鹅灭绝。

由此，我进一步启导孩子：为什么南极有企鹅而没有北极熊呢？

我让孩子自己去翻阅图书，自己找答案。孩子兴致勃勃地走开了。

第二天，孩子为自己找到问题的答案而一脸兴奋，他也因此感受到质疑所带来的乐趣。这比简单地获得一个答案更有意义。

父母应该经常给孩子购买一些百科类的辞典和自然科学之类的书籍，还要经常和孩子一起探讨不明白的问题。当孩子有了新见解、新尝试，应给予大力支持。

建议六：经常带领孩子接触新鲜事物

知识是一切能力的基础，没有知识，对外面的世界一点儿也不了解、不熟悉，即使智商很高，也是不会有创新能力的。家长要根据孩子的年龄大小和生活环境，经常利用节假日带领孩子接触新鲜事物。家在是农村的，可带孩子去城市，让他们认识城市的建筑、交通等；家在城市的，也可带孩子去农村走走，让他们认识认识农作物、家畜家禽以及欣赏田园风光，了解花鸟草虫的生存特性等。认识事物越多，想象就越宽广，就越有可能触发新的灵感，产生新的想法，那种只想把孩子关在家里，只想让孩子写字、画画、背诗的培养方法，只会把孩子培养成书呆子，绝不可能培养成有创新能力的人。

建议七：经常性地启发孩子多角度思考问题

在日常家庭生活中，要经常引导孩子多角度看待事物和分析事物，逐渐养成换一种思路思考的好习惯。

家里买了一条鱼，可问孩子，除了蒸以外还有什么吃法；茶杯除了喝茶的用途外,你能说出别的用途吗?突然下了一场暴雨,树倒了,菜淹了,这些害处是明摆着的,那么,这场暴雨就没有一点儿益处吗?等等。其实,社会生活和家庭生活中每一个事物,都可以作为启发孩子多角度思考的内容。

多角度思考问题,实际上就是进行发散性思维的训练,而培养发散性思维是培养创新能力的前提。

第十课

快乐生活：孩子一生最好的成功目标

什么是快乐？一次开怀的大笑？一种幸福的心情？一个毫无忧虑的眼神？然而，快乐真的只是人们追求的一个结果吗？面对那些未知世事的孩子们，我们应该怎样告诉他们快乐的含义？接下来的这堂课将会告诉你：快乐教孩子学会自我管理，让孩子学会自我保护，给孩子乐观向上的人生态度，帮孩子树立正确的价值观。

快乐法则一：教孩子学会自我管理

办训练营时，我与我带过的一些孩子谈起过什么叫做"快乐生活"。有的孩子就说："快乐生活就是没有人管我，我想干什么就自由地干什么。"其实，这些孩子错误地理解了"自由"、"快乐"的含义。"没有人管我"并不代表不能自己管自己。

其实，孩子的成长过程也是一个不断进行自我管理、自我成熟、自我强大的过程，这个过程不能由我们的父母包办代替，必须是他们从童年到少年再到青年脚踏实地地走过来。

哈佛商学院的MBA访问教授帕瑞克博士曾经说过："除非你能管理'自我'，否则你不能管理任何人或任何东西。"

帕瑞克认为，学校教育经常教我们怎样去管理他人和事物，却缺少教育我们怎样去管理自我。因此，这位博士把一半时间用于在全世界讲授自创的"自我管理"课程，他认为一个人最重要的是管理自我。在帕瑞克的生活中，他经常采用集中训练来管理自己。尽管他全年都在全球各处飞行，却仍可以精力充沛、平和平静。这也许就是自我管理的好处吧。

目前，德国的中学已经开设了项目管理课程，而且是非常正规的课程，目的是帮助学生更好地处理自己的事情、班级的事情甚至是师生关系、人生选择，等等。也许，我们的父母也得开始重视培养孩子的自我管理能力了。

韩国人比较喜欢周末全家出游。不管孩子多大，哪怕只有两三岁，父母都会带上他。而且，父母都会让孩子自己走，自己去照顾自己。有时，小孩子爬累了，走不动了，家长们也很少抱起他们，而只是在一边等他们休息一会儿再接着走。韩国父母认为，应该从小就锻炼孩子的生活自理能力，这样孩子才能学会自我管理。

我在做家庭教育的过程中发现，我们中国的很多父母，往往对孩子照顾有加，使孩子常处于"中心地位"：东西乱扔了，大人来收拾；衣服穿脏了，大人立即洗。这样的孩子一旦离开父母就无法生活了，以至于现在很多孩子上幼儿园了还不能自己吃饭，上小学了还不能自己穿衣服，甚至上初中了还要家长接送。这样的结果，不仅会让孩子变得胆小怕事，更会让孩子失去自我管理的能力。

训练营里有一个叫李森的小孩，有着比较严重的心理问题。因为他是一个早产儿，从小身体就特别虚弱，家里人对他的爱护可以说是到了寸步不离的地步。我见到他的时候，他已经上小学四年级了，可是仍然胆小得厉害，晚上不敢自己睡觉，不敢自己上厕所，出门必须得有人拉着。尤其他的脾气也特别古怪，要么是自己哈哈大笑，要么是自己哭得稀里哗啦，同学们都不敢接近他。

他刚来训练营的时候，那五天都是睡在我的床上。为了锻炼他，开始我们是拉着手睡，第二天是他拉着我一根手指头，第三天我们头和头碰着睡，第四天我就跟他掉过来，脚和脚碰着睡，第五天是他自己睡的。

李森的妈妈在把他送到训练营的时候还跟我说过一个情况——李森四年级了，但晚上睡觉还是会尿床。我问她原因，她说有时候晚上叫他起床尿尿，叫几遍都叫不起，就索性由他自己在床上尿了。我一听，就知道这家人对孩子的溺爱太严重了。我接过这个孩子的第一天，晚上12点的时候，我叫他起床，他也是躺着赖床不起，我就拿了一个凉凉的毛巾拧干了放在他脸上，他"噌"一下就起来了，乖乖地跟我去了厕所。我发现对于这种溺爱的孩子，不能总是责备孩子不懂事，很多时候孩子不听话是因为家长缺少原则。

还有一次，正在上课的时候，李森的"哭闹病"又发作了。他在班里又哭又闹，还摔椅子，砸桌子，好多老师都要去抱他，我立马制止了。我任由他哭闹，然后带班里其他学生换了一个教室上课。李森一看我们都走了，他也不哭了，跟着我们去了别的教室。我发现孩子其实什么都懂，就是故意的，以前他哭闹是因为家长满足得太多了，等到不再有这种满足的时候，他也就听话了。

李森还特别怕水，大家都去大澡堂洗澡的时候，李森说什么都不去。我问他为什么不去，他竟然说他不会洗澡。原来，在家里的时候都是他的爸爸妈妈给他洗，所以都四年级了，孩子仍然不能一个人洗澡。于是我就说，今天我教你洗，你看着我怎么洗，你就跟我学。到了洗澡堂，我发现他玩得特别高兴，还跟大家一起唱歌，觉得自己洗澡很有意思。洗完澡回去，我教所有孩子洗内衣裤，洗袜子，当然也包括李森。他兴致勃勃地跟着大家一起洗，洗完以后还拿着干净的袜子跑来告诉我说，自己洗袜子特别有意思，特别有成就感。

训练营的生活结束以后，李森的妈妈告诉我说，过了一个暑假重新回到学校的李森让所有老师都刮目相看，以前他经常是一两个星期就要无端发次脾气，现在他不仅能克制自己的脾气了，有时候还能跟同学自由地交流，更重要的是，他能自己管理自己的生活了，心理也变得成熟了许多。

我还遇到过一个孩子叫罗强，他的自我管理能力很差，做事丢三落四的，学习用品乱扔乱放，看电视没完没了，做作业马马虎虎，因此学习和生活都一团糟。他的父亲决定通过规则和纪律来帮助儿子增强自制力。

他先找罗强谈心："罗强，爸爸发现你最近作息没规律，不仅损害身体，而且影响学习，甚至弄得心情很差。你看，不按时睡觉、起床的小毛病也是会造成严重后果的。"

罗强说："我也想改正缺点，可就是控制不住自己。"

父亲说："那就让规则来帮助你吧。"

通过讨论，父亲和罗强签下暑期规则：每天只吃一次冷饮；每天看半小时动画片；做完一门功课，收拾好课本，再做另一门功课；晚上9点30分上床，背两个单词后熄灯；平时打篮球1小时；自己洗运动服。

规则不多，只有6条，但制定了就坚决执行，不马虎不迁就，更不允许任性骄横、为所欲为。两个月的时间，罗强进步神速。

其实，如果父母能从小培养孩子自己的事情自己做，自己的东西自己管，自己的生活自己安排的自我管理习惯，就能增强孩子行动的独立性、目的性和计划性，这对于孩子今后生活的幸福和成功无疑是有巨大的帮助的。

因此，作为父母，我们有责任引导孩子克制那些不正确、不积极的行为和习惯。这样，孩子更容易加强对自己的管理。

快乐法则二：让孩子学会自我保护

如今，很多家庭都只有一个孩子。为了这一个孩子，家长们费尽了心血。捧在手里怕掉了，含在嘴里怕化了，久而久之，就形成了对孩子的过度保护。与此同时，孩子们也丧失了自我保护的能力。

这是我从朋友那里听来的一个故事。

炎热的夏天，父母们都上班去了，放暑假的孩子们都如同"放羊"。这一天更是酷热难耐，高一学生杨柳的几个同学来家里找他去游泳。杨柳兴冲冲地把在家的堂弟杨青也带去了，一群人说说笑笑往地水库走去。

18岁的杨柳游泳技术很好，在水库畅游了一个多小时，非常地高兴。

9岁的堂弟就在岸边看着他们游，在边上湿了湿脚。谁知没留神他的鞋子漂走了，杨青着急了，就去追他的鞋，越走越深。不小心绊了一下，喝了几口水，立刻就慌张起来，喊了两声便沉了下去。

杨柳看见了，赶紧过来救他，他从正面去拖杨青，一下子被乱踢乱打的杨青缠住了。杨青人虽小，但求生的本能让他变得很有力气，反而拽着杨柳往下沉。

一帮同学吓坏了，陆续赶来救援。过了好一阵儿，才把两人捞起来，送到岸上。但两人已经昏迷不醒了。大家也不知道怎么办，想喊"救命"，可周围又没有大人。后来有人想起应该"倒水"，折腾了半天，杨柳慢慢醒了过来，可是杨青却没有醒过来。

以上这个悲剧，对于家长是个很好警示：生活中的危险无时不在，培养孩子自我保护、自我解救的能力，是十分重要的。

教育专家做了一项调查，让中国和日本的3岁至6岁的学龄前儿童住进同一家宾馆，日本孩子的第一件事就是一定要找到安全出口，以防火灾等不测事件的发生，而中国孩子首先想到的是打开电视机。由此可想而知，我们的孩子自我保护意识有多么的薄弱。

同时，在现实生活中，孩子是最容易受到伤害的特殊群体，拐卖、诱骗、性侵害等针对儿童的案件屡见不鲜。所以在对孩子进行自我保护教育方面，父母切不可粗心大意，存在侥幸心理。

如今，很多父母每天上学、放学都要亲自接送孩子，回家后还不准孩子独自外出与小朋友们玩耍，并且家用电器、炉具一律不准碰。其实，这种限制孩子自由的举动，并不能达到保护孩子的目的。

我一直都认为，父母是孩子的第一任自护老师。孩子是否具有自我保护意识，是否掌握了急救知识，是他们健康成长的一个重要保证。

快乐法则三：给孩子乐观向上的人生态度

有这样一个寓言故事，我想很多人都听过。

一个阳光灿烂的早晨，垂垂暮年的富翁坐在他的豪宅门口，看着门前来来往往的行人。

富翁看到几个年轻人说说笑笑地向他这边走来，他们的脸上还留着稚气，质朴的衣着下透出无法掩饰的青春神采。

富翁想，如果我能回到他们那样的年龄，即使只给我一年，我也愿意献出全部的财富。

年轻人也看到了富翁。他们经过豪宅时，禁不住连连感叹。豪宅的大厅金碧辉煌，富翁的钻戒在太阳下闪烁着迷人的光彩。年轻人心想，要是能拥有富翁哪怕1/10、1/1000的财富，为此付出任何代价都在所不惜。

年轻人走过之后，富翁感到很失落，他为岁月的无情而绝望。

年轻人看到富翁拥有的财富之后，心里很嫉妒，他们觉得上帝很不公平。

又一个阳光灿烂的早晨，富翁和年轻人的心情都很灰暗，他们都为自己没有的东西而沮丧着。

一个乞丐躺在豪宅墙外的马路边，因为阳光很好，他把旧衣裳一件件拿出来，晒在路边的树枝上。

他眯起双眼,在灿烂的晨光中开始打盹。

他没看见富翁,也没看见年轻人。

他只看见了遍地阳光,于是乞丐觉得自己很幸福。

一个人快乐与否,与他拥有什么、拥有多少都没有直接的关系,却与他的"注意力"有关。年轻人和富翁都在盯着自己没有的东西,却没有看到自己拥有的东西,而一无所有的乞丐看到的却是"遍地阳光",所以心中便充满了明媚的光辉。财富不是自己的,而心情却是自己的。无论你现在境遇如何,最重要的是,首先必须拥有乐观情绪,否则你就真正"一无所有"了。乞丐之所以快乐是因为他拥有了一种乐观的生活态度。

不同的心态造就了不同的结果,任何事物都有正反两个方面。关键是人们用什么样的心态去面对。乐观者总是认为有利的、美好的事物是永久的,他们这种心态能够促使事情向好的一方面发展。即使面对挫折,乐观者也会认为是暂时的,会过去的。所以,家长们在教育孩子的过程中一定要教会孩子乐观地面对生活。

一项权威的心理研究显示,正面思考的人不论薪资与健康都比负面思考的人来得好。在这个挫折丛生的年代,孩子必须拥有阳光的心态,学会正面思考,这样才能立于不败之地。

正面思考指的是在遇到挑战或挫折时,人们会产生"解决问题"的积极态度,并找出方法迎接挑战。反之,负面思考就是一遇到挫折,就被负面情绪打败,责怪自己和环境,最后选择退缩,放弃或报复。

如今,孩子们面临着升学压力、学习压力等。一些孩子出现了自卑、自闭的情况,主要是源于他们不能乐观地看待问题。家长要注意培养孩子乐观的心理素质,很多问题便能迎刃而解。

快乐法则四：帮孩子树立正确的价值观

在赵本山和小沈阳的小品中有这样一个经典对白：

"人这辈子最痛苦的是什么？"

"人死了，钱没花了。"

"不对，是人活着呢，但是钱没了。"

人活着，钱没了，真的是最痛苦的吗？

在我看来，只要一个人的生命尚存，只要他的生活、他的时间还存在，他还对自己充满了信心，那么他就一定能用自己的双手再次创造财富，他的快乐、他的幸福生活一定会回到他的身边。

现在很多孩子非常不珍惜自己的生命，轻易地便走上自杀的道路，令许多家长不寒而栗。在北大有一个著名的教学楼，四楼的一个窗户上面贴着一个封条，这个封条是北大的救助学社自己贴的。因为，从那个窗户葬送下去的优秀生命太多了。他们不是不优秀，仅仅是因为他们没有正确的价值观，遇到挫折就会没有承受力，对自己的未来失去信心，所以极端地选择亲手葬送自己的生命。

孩子在接受教育的过程中，不仅要有知识的增长，还要有生命的成长，家长还要教育孩子从自我式的生命价值实现走向社会意义上的生命价值实现，最终由一个自然人蜕变为社会人。

正确价值观的树立要从孩子小时候开始，这就需要父母给孩子们一个正确的引导，要教育孩子什么是对、什么是错，家长可以多让孩子看一些励志书刊，或者读一些古人的范例，多关心一些国家大事，循循善诱地教导孩子。家长切忌不要讲一些大道理，要把正确的人生观、价值观表现出来，做出一个表率，让孩子自己去思考。

同时，对孩子平日里接触到的影视剧品、网络信息，家长要留心筛选，引导孩子向积极向上的方向发展，切不可让世俗的金钱主义、权力地位影响孩子的价值判断。

我的建议：父母应该怎样让孩子拥有快乐的生活

建议一：父母不要代替孩子做他分内的事情

如果孩子已经具备了一定的生活能力，父母就不要总是认为孩子还很小，就替孩子做这个做那个，孩子的事情让孩子自己做。孩子只有通过自己的努力，独立地完成事情，才能从中体验到或成功或失败的感觉，而这种复杂的感觉是他人代替或强迫孩子做事所体验不到的。

一位著名的教育专家说过这样一段话："一个孩子为了浇花，开始提了一小桶水，接着他又提第二桶、第三桶、第四桶，结果，他累得满头大汗。这时你不必担心，因为对他来说，这其实是世界上任何一种喜悦都不能够比拟的。在这种辛勤劳动中，孩子不仅可以了解世界，而且还可以了解他自己。童年时期的自我教育正是从了解自己开始的，而且这种自我了解是非常愉快的。一个大约5岁的孩子栽的一棵玫瑰开出了一朵很美丽的花，他不仅十分惊讶地观看着用自己的双手创造出来的成果，而且还观看到自己本身：'难道这是我自己做成的吗？'像这样，孩子在体验劳动乐趣的同时，还可以通过这样的劳动来认识他自己。"

父母代替孩子做事情,不仅不会给孩子带来什么幸福感,相反,孩子会因为失去独立做事情的机会而苦恼。因为,孩子既尝不到成功的快乐,也体会不到失败的痛苦,孩子品尝的是成人禁止他们做自己想做的事情的悲伤和怨恨,这对于孩子的成长是百害而无一利的。

建议二:教会孩子应对十种突发事件的方法

1.遇袭:在某地方,突然闯进一个坏人,拿着刀对孩子说:"不许动,蹲下!再不蹲下就杀死你!"

擒拿匪徒这事就千万别指望孩子了,还是交给公安武警和特种部队吧。对孩子来说,应先按匪徒的要求做,不要激怒他,暂时顺从,机智灵活应对,拖延时间,等待警察救援。

2.遭骗:孩子独自在家,有位认识或不认识的叔叔来敲门。

有部电视剧叫《不要和陌生人说话》,也要教孩子决不要为任何陌生人开门。哪怕他说什么紧急情况,或者说他是警察,或者说是爸妈的同事、朋友等等。但也不要门铃响了不理会,因为小偷有时也会按门铃试探是否有人在家。可以隔着门说:"妈妈在睡觉,打不开门,过会再来吧。"然后,给家长打电话求助。

3.遭遇黑帮:在放学路上,被人抢劫。

此时最好的办法就是让孩子尽量避免与抢匪发生正面冲突,把东西给他们并记住他们的样子,然后告诉老师或家长,或者马上报警,或者找附近的大人帮忙。

4.溺水和房屋倒塌后自救。

不管游泳水平怎样,都要先憋气,用手捏着鼻子,避免呛水。及时甩掉鞋子和口袋里的重物,顺着水流边漂边游,游向岸边。估计附近有人时要边拍水边呼救,被救时自己要尽量放松,不可紧紧拽住救援者。

遇到房屋倒塌后,要警惕房屋再次倒塌,在有空气进入的地方寻找出口。

5.迷路：如果一个人在街道或外地迷路走失，身边没有熟识的人时，应告诉一个可靠（如老人或店面主人等）的人或警察，你走丢了，找不到妈妈了。如果在购物中心，找最近的收银员。切莫随便找一个大人告诉他你走丢了。

6.被跟踪：当回家时，发现有人在后面跟着你应该见机行事。

立即穿过马路或者走另一条路，避免与尾随者接触。如果这个陌生人仍然跟着你，或者他强迫你跟他走，你要大声尖叫并跑向附近有人群的地方。如果这时你家里没人，千万不要往家里跑，应往人多的地方去。

7.你突然发现家里失火了或漏水了。

失火：要大声呼救，并叫醒其他家人。然后沿安全通道迅速离开房子，到达安全地带。如果屋里充满了烟，应尽量让身体贴近地面爬出屋外，因为贴近地面的空气中烟的含量最少。如果你住在楼上，又不能从窗户逃生，那么，即刻打开窗户，用床单之类显眼的物体向楼外人发信号，等待救援。当然，这些最好与被叫醒的大人一起完成。

漏水：家里漏水也会造成损失。家里漏水一般有两个原因，一是水龙头损坏，一是水管破裂。就要教育孩子在家里不能用坚硬的东西砸管子，以防破裂。告诉孩子家里水源的总开关在哪里，一旦发生跑水情况，先把总开关关闭。如果拧不动，要赶快请邻居帮忙。等家长回来再找人修理。

8.你独自在家时，不慎被利器划伤。

如果伤口流血不止，应马上用干净布，如药用纱布、毛巾等，将伤口包紧。包紧的程度应能止住流血。然后，给家长或者邻居打电话请求帮助。

9.有人不小心掉入水中，并且他不会游泳。

你切莫跳入水中企图救他，而应该将救生圈或者其他任何可以漂浮的东西扔给他，让他抱住并坚持住，然后，跑去叫人帮助。或者找一根树枝，抓住一头，你趴在岸边地上，让他抓住树枝的另一端，将他拉向岸边。

切记！你必须肚皮向下趴在岸边，以避免落水者把你也拉入水中。

10.横过马路时，应走人行横道，并按交通灯指示行走。不闯红灯，不横冲直撞、乱穿马路。切忌与同伴在马路上嬉闹或走路看书等。

进行自我保护教育的内容很多，家长应从实际出发，在生活中随时进行教育。要多给孩子讲实例，加深孩子印象。讲自我保护方法要简明、具体，有操作性。

教孩子学会自我保护，绝不是小事一桩。一旦出事，后悔就晚了。

建议三：经常帮助孩子清除消极思想

在日常生活中，当孩子遇到困境、产生消极情绪时，父母无论多忙，也要挤出一点时间和孩子交谈，鼓励他们凡事多往好的方面想，教给孩子以正确的态度和措施面对现实，保持乐观的情绪，帮助孩子从困境中解脱出来。只有帮助孩子摆脱消极思想的阴影，孩子才能乐观、积极地面对并解决问题。

附录

学员心声

这些年我具体教育了多少孩子，改变了多少孩子，我已经记不清楚了。事实上，这些对我来说都不重要，最重要的是我的努力有了回报。有许多学员在训练营中都会用记日记的方式来记录自己的成长。这些日记他们会在训练营结束之后，有的亲手交给我，有的寄给我，以此来表达他们对训练营的热爱，对此我非常感动。在这里，我仅节选部分日记与大家分享。

——王　楠

训练营日记：李清（化名）二年级

1月14日星期六日记一

今天，我很想妈妈、爸爸、弟弟。因为第一次离开他们。我心想：回家。但是回不了，因为这离家很远。我和老师说想家，老师和我讲道理。我到这很想哭，但同时我也玩得很开心。爸爸你放心，我会听讲的，不会浪费你的钱。没到晚上我就会想起你昨晚跟我说的话。我认识了许多朋友，也认识了许多老师，每天我们一起吃饭，一起睡觉，一起学习，一起玩。我希望这几天能过得快点，早点看见你、爸爸、弟弟。我爱你们！

1月15日星期日日记二

今天，王老师给我讲了两个故事，一个是"五只毛毛虫"一个是"四只大猩猩"。毛毛虫讲的是目标！一只没目标，一只没方法，等等。

我很高兴，因为我来了一个快乐的冬令营，但是我还是很想你们。老师让我用她的手机给妈妈打电话，我一听到妈妈的声音就哭了，老师安慰我，我想见到妈妈，我很伤心，因为这几天不能过得快点！晚上写日记的时候我也哭了，我希望再听见妈妈的声音，但是还有三天才能回家，我很期待和弟弟见面。我想不哭，我不能只要回房间没事情就想爸爸妈妈和弟弟。

我的目标是：这几天我再也不哭了。

1月16日星期一日记三

今天下午，老师教了我们一个游戏叫"激情AB点"王老师说每个人都要用一种动作从A点到B点，而且别人用过的动作不能再用。王老师做了两个示范，一个是走过去，一个是跑过去。我们是一队，我们先开始，我们有的学闹钟转，有的爬，有的游等等。很有意思很开心。

我白天一直没哭，只有晚上坚持课的时候哭了。王老师把我们的

附录：学员心声

眼睛蒙上，举起右手伸出大拇指。过了一会儿，王老师给我们讲了一个故事，我们有的哭了有的没哭。我哭了，我想起了爸爸妈妈和弟弟，我心想星期三就能回家了，我很高兴，我要坚持。想起昨晚打电话妈妈的声音，想起要见到妈妈我就想哭，但是我不能哭，因为我的目标是这几天不哭了！

1月17日星期二日记四

今天，我们最深刻的事是：王老师教我们一个游戏，叫责任之旅。王老师说："1代表举起右手，2代表向左转，3代表向后转，4代表举起左手，5代表向右转，6代表还原。"老师监督我们，每动一下跑一圈，第一轮每人动我们自己跑，第二轮动整个队伍跑，第三轮队长跑，第四轮老师跑。当王老师让老师跑的时候我很伤心，有的人流了汗，有的人流了泪。最后王老师说让我们把老师拉住，叫他们别跑了。我们哭着跑过去拉住老师，老师也哭着摸我们的脸叫我们别哭。我很盼望明天能回到我温暖的家。

感恩信

爸爸我想对你说，您天天在外面辛苦赚钱，您辛苦了。

妈妈我想对你说，以后我不会不听你的话，不让你伤心了。

训练营日记：李易木（化名）5年级

1月14日星期六日记一

今天，我准时来到了"精英成长，领袖未来"训练营。昨天晚上我可是期待无比，躺在床上久久不能入睡。

车子出发了，期待是漫长的，令我不禁急得抓耳挠腮。终于到了营地，大家如离弦的箭一般冲出了车子，宾馆中充满了同学们的欢声笑语，可是天公不作美，今天阴雨绵绵，却丝毫不能影响我们的热情与兴奋！

　　上午、中午、下午这三节课中，令我最难忘的就是晚上的课了。老师教我们玩了"毛毛虫前进"的游戏，就是让所有同学蹲下来，把臀部和大腿并在一起，再不离开的情况下"左""右""左""右"地前进。结果许多组的同学都失败了，这说明团队团结是很重要的！

　　合作、团结是人生中很重要的。合作是童年、上学、乃至走入社会都必不可少的，这就是"团结的心"！所有的人只有万众一心，只有相互遵守规则，团结之塔才能建起，众人才能发挥出自己最大的能力，表现出最了不起的自己！

　　这次活动令我受益匪浅，它告诉我们要团结一致，要万众一心！

1月15日星期天日记二

　　天色逐渐变亮了，我连忙穿衣、洗漱，之后便是开始了我们第二天的训练营训练，我期待无比！

　　上午老师给我们讲了"五只毛毛虫"的故事；下午王楠老师有给我们讲了"四只大猩猩"的故事，这两个故事让我受益匪浅，也是刻骨铭心的。前一个故事告诉大家，做一件事情要有目标，要有努力，也要有方法。后面一个故事告诉我们要把目标制定的合理，不要太高，不要太低，要符合自己的能力循序渐进！

　　一个人做事情就要像王楠老师所说的第四只毛毛虫一样。首先要有目标，其次要努力，还要有远见，更要有方法。做人何尝不是如此呢？但人生不可能一帆风顺，不可能事事都成功。所以当你"拼尽全力"的时候，虽然没成功，但你不后悔，而且你也在过程中得到了更重要的收获！这样当你老去的时候，要离开的时候，回味过去，追忆人生的时候，你可以毫无遗憾，因为你努力了！拼搏了！奋斗了！

附录：学员心声

1月16日星期一日记三

全新的一天开展了，我知道，今天我会有新的进步，心灵有将受到再一次的洗涤、冲刷。

吃过午饭，我们进行了下午第一节课，这是一个叫"信任背摔"的游戏。这使我懂得团队合作中信任是不可缺少的。

经过一阵等待，王楠老师终于和我们分享了上午四只小鹰的故事。这不禁让我想起了另一个故事：一个女人失业了，他的父亲用胡萝卜、鸡蛋与咖啡豆三种物种在热水中煮熟后得到奇妙反应的故事。胡萝卜遇热水后会变软，鸡蛋遇热水后会变硬，咖啡豆遇热水后变成咖啡。这说明每个人都有自己的能力，遇到挫折、煎熬、困难的时候也许是人生的转机和新希望。这是那位父亲告诉他女儿的人生真谛！也就像最后一只鹰，它能坚持，努力，最后长出新的羽毛，喙和爪子。正如凤凰涅磐一般！

还有一个故事是一个学生在与北大失之交臂之后在雨中举了一个多小时的"精英之礼"，这就是坚持。晚上我们也感受了五十多分钟，一个看似简单举起右手大拇指的动作，其实并不那么容易，可以说很痛苦和艰难！这就和平时生活一样，把简单小事坚持下去也很不容易。所以人生道路上有那么多人放弃，只有少数人坚持下来所以成功，这正符合了"二八"定律。问问自己，影响我们前进脚步的究竟是什么呢？诱惑？厌恶？还是懒惰？等等~同时我更明白了那高举的右手大拇指它其实是我们的目标和理想，我们应该坚持不懈，直到终点！

相信自己能和大家一起成为精英！坚持下去，说不定成功就在拐角处看着你呢！

1月17日星期二日记四

可以说今天是我来的训练营中对我打击最沉重的一天了。

来到训练营已经第四天了，这里的生活我已经熟悉，习惯了。下午，王楠老师给我们上了最沉重的一课"责任之旅"。我们都没有坐下，而是纹丝不动的站着，动了就跑一圈。第一轮第二轮自己受惩罚的时候，我没怎么在意，以为就是跑几圈，这还不容易？后来变成如有一人动就团队受罚，这时的我慢慢紧张重视起来提高了八分警惕，自己受罚怎么可以连累团队呢？再后来是队长受惩罚，最后是我们的带队老师，我绷紧身体大气都不敢喘，看着老师那么累那么吃力却依然坚持为我们受惩罚再加上王楠老师那充满真情实感的话语，我不禁热泪盈眶，我想冲出去替老师跑，我恨自己出错。终于结束了我们这压抑的旅行，大家看着老师疲惫而且喘着粗气的身体，我们的泪水都夺眶而出。再敬精英之礼时，以前五分钟就疼痛不已现在竟无比轻松。有股莫名的力量在支撑着我，推动着我。

事后想一想，王楠老师这么做是有目的的，就是想让我们明白，每个错误都有代价，总要有人负责。正如现实中的父母，总替我们善后。要像鹰一样磨练自己是自己更坚强更勇敢！我要为自己负责也要为别人负责！

感恩信

亲爱的母亲：

  您好，我最近在训练营过得可好了，您在家里怎么样？不用担心我了，我现在一切平安，而且在这里我受益匪浅。

  在这里通过昨晚王楠老师的那节意义非凡的感恩课后，我想谢谢您对我无微不至的照顾，我也想向您道歉。以前您总是最早一个起床最晚一个睡觉，那么辛苦。而我呢？有时您说我几句我就关上房门自己做自己的事情，现在想来实在不应该！

  这五天的学习，让我懂得了：做一个人要有素质，也要有灵活的思维。在这里我也想对您说声："您辛苦了"。

  祝您：身体健康！

您的儿子：李易木（化名）

训练营日记：张莹（化名）5年级

感恩信

亲爱的妈妈：

　　您好：

　　很高兴王楠老师给我这样的机会跟您聊一聊，我离开家已经五天了。在这五天里我过得很开心，但还是有点想家，您在家里过得好吗？您不用担心我，我在这里过得很好。想起每次我不高兴的时候，我都把你关在门外。还有您每天辛苦做的早餐，我也不好好吃，辜负您的苦心。我知道您很难过，那都是我不懂事，我以后再也不会那样做了！

　　不过我来到了"精英成长"训练营我变得勇敢了自信了，妈妈，谢谢您让我来到这里。真的谢谢您！

您的孩子